中小银行
社区网格化
营销体系探索

罗富国 ◎ 著

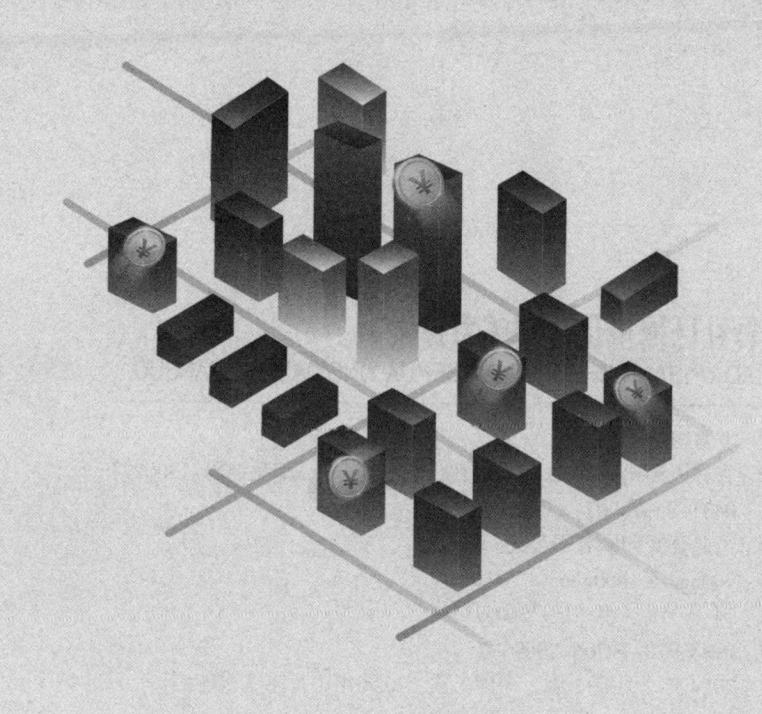

吉林人民出版社

图书在版编目(CIP)数据

中小银行社区网格化营销体系探索/罗富国著.--
长春:吉林人民出版社,2023.11
ISBN 978-7-206-20696-2

Ⅰ.①中... Ⅱ.①罗... Ⅲ.①社区-商业银行-研究中国 Ⅰ.①F832.33

中国国家版本馆 CIP 数据核字(2023)第 257674 号

责任编辑：王　磊
装帧设计：云上雅集

中小银行社区网格化营销体系探索
ZHONGXIAO YINHANG SHEQU WANGGEHUA YINGXIAO TIXI TANSUO

著　　者：罗富国
出版发行：吉林人民出版社(长春市人民大街7548号　邮政编码:130022)
咨询电话：0431-85378007
印　　刷：河北赛文印刷有限公司
开　　本：700mm × 1000mm　1/16
印　　张：14　　字　数：200千字
标准书号：ISBN 978-7-206-20696-2
版　　次：2024年1月第1版　印　次：2024年1月第1次印刷
定　　价：69.00元

如发现印装质量问题,影响阅读,请与出版社联系调换。

序

研究中小银行的书很多，研究城市社区的书也不少，但把中小银行与城市社区联系在一起研究的书，就极为少见了。本书就是一本为数不多的专门探索中小银行社区网格化营销体系构建理论与实践应用的上乘之作。

本书作者罗富国，是我在江西财经大学读本科时的同窗学友。当年，我们一起学习经济理论，探讨学术课题，畅聊人生与未来，结下了深厚的情谊。大学毕业后，他选择回到家乡湖南就职了银行业，此后，他在商业银行兢兢业业地干了近二十年，从国有大行小柜员，一直干到支行行长，再干到城商行地市分行副行长，积累了多年国有大行基层支行和城商行地市分行管理经验。每日忙碌的工作与业务竞争的压力，并没有妨碍他对金融工作的理论探索及勤于实践经验的思考与总结,他曾经在金融理论刊物发表论文和报告十多万字,这对于一位常年奋斗在基层银行的工作者而言,确实是一个了不起的成绩,也很好地阐释了"从实践中来,到实践中去"的道理。

近年来,作者致力于社区金融的研究,带领团队深入社区开展调研工作,在实践中提出了中小银行社区网格化营销体系的构建思路,并撰写成了这本书。

本书有四个特点:

其一,创意有深度。作者在分析了我国城市社区运行特征的基础上,提出了中小银行构建社区网格化营销体系的经营思路,这是一个有新意、有深度的创意。一是银行营销活动以社区为中心,较好地解决了社区营销准入门槛的难题;二是以社区活动为切入点,"搭便车"式开展银行营销活动,省时省力省成本;三是构建银社新型关系,着眼长远发展,有利于银行与社区优势互补、相互促进、共同发展。

其二,立意有高度。作者提出,中小银行应积极参加社区公益活动,区别于国有大行或部分中小银行普遍设立慈善基金的方式,中小银行广泛参与社区公益活动,更显直观性和可操作性,凸显社区公益形象。此外,作者还提出了银行与社区、银行业务与社区事务深度融合发展的构想,将构建目标提升到了新的高度,更重要的是,这个构想符合国家对未来社区建设的设计方向,必将得到政府部门的大力支持。

其三，实践有广度。本书是作者在实践中的思考结晶，也是基于扎实的理论素养而形成的实践总结与理论升华。如第六章"中小银行社区网格化营销体系构建策略"是本书篇幅最长的章节，全流程介绍实务操作。作者从社区画像、社区遴选、银行与社区签订合作协议开始构建准备工作，到网格化推进社区营销活动、融入社区生态、建立社区金融生态圈、打造社区异业联盟、扩大广告宣传效应等具体的构建策略，再到成为社区首选银行最终目标等多个方面，以实际案例详细介绍实务操作，虽然内容繁多，但是环环相扣，读下来有一种一气呵成的感觉。

其四，观点有新意。在本书中，除了"构建社区网格化营销体系"核心观点外，作者还理论联系实践，提出了一些新颖的观点。比如，作者从银行的视角看社区，提出了"社区是未来银行业竞争的主场地"的观点；从社区营销的角度，提出了"末端营销"的概念，进而分析了"末端营销"概念提出的意义及其实践应用；针对国有大行服务下沉带来的竞争压力，提出了中小银行"守住社区就是守住生命线""以下沉对付下沉是中小银行的应对策略"的观点；异业联盟是近年来银行营销的常用手段，作者结合实践，提出了"立足社区的异业联盟效果更好""社区异业联盟要以银行为中心"的观点；在银行广告宣传方面，提出了"社区宣讲是最好的广告"观点，等等。这些新观点都是作者在实践中的思考所得，具有较好的理论参考价值。

总之，本书较为全面地分析了我国城市社区与中小银行在各自发展中的优缺点，找到了二者优势互补、融合发展的新路径，创造性地提出了构建中小银行社区网格化营销体系的新观点，并从理论上论证了中小银行构建社区网格化营销体系的必要性和紧迫性，以实际范例从实践上验证了体系构建的可行性。

本书较为系统地介绍了中小银行社区网格化营销体系构建的理论探索与实务操作，在金融数字化和金融科技向金融体系不断渗透的新时代背景下，本书对于中小银行回归社区、扎根社区、完善社区金融服务、增强金融普惠性和提升自身核心竞争力等方面，具有很好的指导意义。

彭兴韵

2023年7月25日

（彭兴韵系国家金融与发展实验室副主任，中国社会科学院金融研究所研究员，教授，博士生导师。）

前言

进入互联网时代,银行业的竞争越来越激烈了。

城市社区,作为国家重点支持的社区建设与发展的主体,逐渐成了激烈竞争中的银行业关注的焦点。十多年以来,先是中小银行扎堆开设以服务社区金融为目的的社区支行,后是国有大行不断下沉服务到社区,打响普惠金融争夺战;再就是伴随着互联网技术兴起而产生的互联网金融,不断地将产品与服务触达社区。

可以预见,城市社区将成为未来银行业竞争的"主场地"。

城市社区仍然是一片"蓝海"

城市社区是我国城市社会治理的最基层单元,是城市治理的基础,也是国家治理的重点。在几十年城市社区治理实践中,我国探索出了社区网格化管理的重大实践创新模式,建立了信息化、精细化的网格管理信息服务平台,勾画出了城市社区向智慧社区、完整社区、未来社区建设的美好发展前景。

从银行的视角看社区，城市社区是中小银行业务发展的"蓝海"。

第一，社区庞大的人口基数是中小银行基础客群的营销目标。伴随着我国的城市化进程，城市化率不断提高，提高了城市社区人口数量。城市社区一般都有几千、几万甚至十几万人之多的人口，还有围绕城市社区"衣、食、住、行、玩"的众多中小微企业，这些都是中小银行基础客群的重要来源。

第二，高频的社区活动是中小银行市场营销亟须的活动平台。社区活动多，但社区普遍缺少支撑社区活动的专职人员与活动经费，而在四处寻找市场营销机会的中小银行却缺乏合适的活动平台，中小银行参与社区活动，二者可以优势互补、共同发展。

第三，缺乏金融服务功能的社区是中小银行服务下沉的落脚点。"上面千根线，下面一根针"，社区作为城市管理中最基层的单元，承担了大量的社会职能，然而，与社区居民息息相关的金融服务功能突显匮乏，主要表现在：社区缺乏常态化的金融安全教育机制，缺少防范金融风险的安全屏障，社区居民亟须普及金融知识以及金融安全社区亟须建立等等。中小银行发挥金融专业优势，弥补社区金融服务功能的不足，正是其回归地方、回归社区的实现服务下沉的落脚点。

第四，社区网格化管理助力中小银行防范信贷风险。社区网格化管理是党的十八大以来，我国基层社会治理的重大实践创新。社区网格化管理一方面通过划分网格和信息编码，实现了治理对象的精确化；另一方面，依托信息化技术平台，确保了信息收集的标准化。借助社区网格化管理方式及信息化技术平台，使其贯穿银行信贷业务全过程，有利于中小银行信贷风险的防范。

国家非常重视社区的建设，不断完善社区管理与服务功能，由此会催生大量的金融需求，吸引银行业下沉社区开展金融服务。近年来，在国家推动与监管政策引导之下，国有大行持续下沉服务社区，互联网金融业务触达社区，与中小银行在社区"传统领地"展开"遭遇战"，城市社区将成为未来银行业竞争的"主场地"。

银社合作仍然是一片"空白"

其实，社区网格化营销这个概念几年前就出现了，有些中小银行还尝试过类似的社区网格化营销活动，但是，绝大部分的中小银行都失败了，而中小银行对社区存在认知偏差是其失败的重要原因之一。就如同硬币有两个面一样，中小银行只看到社区对社区居民和社区事务没有行政管理权力的一面，却忽略了社区公信力在社区市场营销中起关键作用的另外一面。中小银行有意无意"绕过"社区开展市场营销，导致营销过程遭遇挫折，营销结果也不达预期。当然，究其深层次的原因，最主要的是没有成体系的构建。

笔者在社区调研的过程中发现，银行与社区经常相互忽略，或者仅仅局限于偶发性的互动，其原因主要是相互不太了解，或者说存在认知偏差，导致银行与社区目前仍然还处于合作"空白"的状态。

事实上，银行与社区有很大的合作空间。其一，社区有庞大的社区人口。社区人口基数大，是中小银行亟须的基础客群的重要来源；其二，银行市场营销需要社区支持。我国的城市小区（社区称之为网格或网格小区）多数是封闭半封闭的，借助社区公信力拆除网格准入"篱笆"更显高效率；其三，社区建设需要银行共建。社区在普及金融知识、完善金融服务功能、共建金融安全社区等方面，需要得到银行的专业支持。

银行与社区既往的合作"空白"，给了正在回归社区的中小银行发展业务的良机。中小银行基础客群薄弱，品牌影响力不大，科技创新能力偏弱，在遭遇国有大行服务下沉、互联网金融业务下压、同业竞争左右"夹击"、数字化转型加压等外部竞争态势之下，中小银行回归社区，把社区视为"根据地"是长久的应对之策。

中小银行的"痛点"

中小银行在与国有大行的竞争中，除少数头部股份制商业银行和城市商业银行外，普遍存在公司治理能力不足、资产质量下行、收入增长停滞、盈利能力不强、资产负债管理能力不够以及数字科技投入不足等诸多问题，究其根本原因，基础客群薄弱是主要因素。

中小银行基础客群薄弱，既有成立时间短等"先天不足"的原因，也有战略思路不清晰、品牌影响力差、科技赋能弱等"后天"因素。外部竞争环境的变化和中小银行存在的内在短板，导致中小银行存在源头获客难、批量获客难、线上获客难、获客成本高、存量客户维护难等问题，严重影响基础客群的增长，基础客群薄弱成为多数中小银行的"痛点"。

基础客群是银行各项业务发展的基础，是银行的核心竞争力之一。基础客群薄弱，影响中小银行基础存款规模的增长与存款结构的改善，影响贷款的投放，进而影响银行利润的增长和品牌形象的改善，这些结果反过来又会影响基础客群的稳定增长，周而复始形成负面循环，成为一个难以解开的"死结"。

城市社区的"难点"

伴随着我国城镇化的进程，城市社区得到了快速的发展。作为城市管理与服务的最基层单元，社区承担了大量的城市服务职能，发挥了不可替代的城市治理作用，因此，国家越来越重视社区建设。

但是，从金融的视角看，城市社区在运行和建设中，存在三个方面的难点：

一是金融服务功能不足。主要表现在社区居民缺乏基础的金融知识宣导与培训，在保值增值家庭财富、合理选择投资渠道、规避金融风险、识别欺诈行为等方面，需要得到专业化的知识普及。

二是亟须建设金融安全社区。随着互联网、信息技术的发展，金融诈骗手段越来越呈现隐蔽化和高科技化，给人们造成巨大的财产损失。作为社区居民的服务组织，社区由于自身缺乏金融专业知识，亟须得到银行等专业部门的支持，共建金融安全社区。

三是社区活动缺乏有效的支持。社区活动是社区履行社区服务职能的必要方式，然而，由于存在活动经费不够、社区专职人员不足等问题，高频的社区活动反而成为社区的负担。

社区网格化营销体系直击"痛点"与"难点"

社区网格化营销体系是以社区为中心，以社区活动为切入点，着眼于银行与社区、银行业务与社区事务深度融合发展的一种新型营销体系。笔者提出这个全新的营销体系理念，是基于我国城市社区的运行特点、中小银行的发展困境以及总结以往类似的进社区营销活动的失败案例等多种因素，是在实践中提炼出来的观点。中小银行构建社区网格化营销体系，既是应对国有大行服务下沉的正确举措，也是夯实基础客群和回归本源的迫切需要，更是特色化经营的路径选择。

中小银行构建社区网格化营销体系，首要目标是解决自身基础客群薄弱这个"痛点"，并通过积极支持社区活动、普及社区金融知识、共建金融安全社区等方式，消除城市社区的运行"难点"。

第一，以社区为中心。总结以往类似的社区网格化营销活动不成功的案例，忽略社区、绕过社区开展营销活动是其失败的重要原因之一。我国的城市小区基本上是封闭、半封闭的，进入小区开展银行营销活动，"准入"难度较大，营销成本较高。线上营销活动也是如此，如果没有社区或网格管理员"背书"，不但线上入群难，而且线上营销活动效果也差。

以社区为中心构建社区网格化营销体系，可以从宏观政策层面和微观操作层面来理解。

宏观政策层面。城市社区是我国城市治理的最基层单元，是社会治理和稳定的基石，也是国家和社会未来建设的重点，社区的未来发展前景良好。中小银行以社区为中心开展市场营销活动，能够满足未来社区建设催生的大量金融需求，实现银行零售、小微公司各项业务等的全面发展。

微观操作层面。一是社区人口基数庞大，是中小银行基础客群的重要增长点；二是社区各种活动多，正好是银行市场营销需要的活动平台，银行与社区可以实现优势互补；三是社区公信力在拆除网格"篱笆"、搭建活动平台、增强活动效果等方面起到无可替代的作用，为银行进社区开展市场营销活动扫清障碍。

第二，以社区活动为切入点。社区为履行社会职能，开展社区活动是必不可少的，社区活动呈现高频度、多主题的特点。中小银行在社区活动中"嵌入"市场营销活动，省去了与活动各方协调沟通的时间与搭建活动平台的费用，并且由于社区活动频度高，"搭便车"式的银行市场营销活动也可以高频度地举行。

中小银行积极参与社区公益活动，凸显公益形象。不同于国有大行与部分股份制银行"大手笔"开展公益行动，中小银行在社区参加"小众高频"的公益活动，能给社区居民更为直观的感受，非常有益于提升中小银行在社区的服务形象，有利于中小银行在社区开展业务营销。中小银行从总行到下辖分支行经营网点经常性地开展"小众高频"的社区公益活动，必将在我国银行业凸显公益特征，形成鲜明的特色。

第三，构筑新型银社关系。构筑银行与社区、银行业务与社区事务深度融合的新型关系，是社区网格化营销体系的构建目标。深度融合主要体现在银社党建共联、金融服务延伸到社区、共建金融安全社区、积极支持社区活动、银社增进互帮互信等方面。深度融合的构建目标也表达了中小银行扎根社区的决心与信心。

中小银行构建社区网格化营销体系的首要目标就是增长基础客群。为此，笔者首次提出"末端营销"理念，即把社区作为银行营销的"末端市场"。其意义在于，"末端营销"理念划分了源头市场与末端市场，区分了"单位人"与"社会人"或者"社区人"，在此基础上，提出了中小银行基础客群快速增长的营销思路，即在"社区人"集中的社区末端市场，持之以恒开展社区网格化营销活动，是中小银行快速增长基础客群的最佳路径选择。

本书导读

本书共分为六章三十七小节。

第一章主要内容是介绍城市社区。分五个小节介绍了城市社区的概念、特征、职能以及履行社区职能的方式，重点介绍了社区网格化管理的起源与作用，描述了社区的未来发展。

第二章主要内容是从金融角度认识城市社区。笔者在本章从一个金融从业者的角度观察社区，提出并分析了社区是银行基础客群的"富集地"、社区是银行业务下沉的"落脚点"、社区活动是银行业务营销的"切入点"、社区是金融安全教育的"投教基地"、社区是防范信贷风险的"另一只眼睛"、社区是未来银行业竞争的"主场地"等观点。

第三章主要内容是阐述社区网格化营销是银行业务营销新模式的观点。分析了社区网格化营销产生的背景、社区网格化营销模式的"四个特征"和"四个优点"，从市场营销角度分析了银行与社区的关系，阐述了社区网格化营销是银行营销渠道的创新。

第四章主要内容是提出末端营销概念并分析其在社区网格化营销模式中的作用。本章提出了末端营销的概念，分析了末端营销概念提出的意义，重点阐述了中小银行基础客群的重要性，剖析了基础客群薄弱的原因，提出了如何运用末端营销理念增长中小银行的基础客群以及解决存量客户维护难题的对策。

第五章主要内容是阐述中小银行构建社区网格化营销体系的必要性与可行性。分析了社区网格化营销体系的内涵、作用，列举了构建社区网格化营销体系的认知误区与构建障碍，展现了社区网格化营销体系构建的广泛适应性与未来延展性。

第六章主要内容是中小银行社区网格化营销体系的构建策略。本章主要是实务操作内容，是本书中篇幅最长的一章。首先重点阐述了社区网格化营销体系的构建要素，以下又分社区画像、社区遴选、银行与社区签订合作协议、网格化推进社区营销活动、融入社区生态、建立社区金融生态圈、打造社区异业联盟、扩大广告宣传效应、成为社区首选银行等九个小节，详细介绍实务操作，所用范例都是实际案例。特别推荐"千场宣讲进单位"活动方案（第九节），实践表明，其非常适合小众高频的场景营销，投入产出的性价比较高。

罗富国

2023年6月20日

目录

第一章 社区是我国城市管理的基础单元

第一节 社区的概念与特征……………………………………… 002

第二节 社区承担着城市服务职能…………………………… 004

第三节 社区活动是社区履行服务职能的方式……………… 006

第四节 社区网格化管理是城市治理的创新模式…………… 007

第五节 社区发展前景广阔…………………………………… 010

第二章 金融视角看社区：银行业务的"宝库"

第一节 社区是银行基础客群的"富集地"………………… 014

第二节 社区是银行业务下沉的"落脚点"………………… 018

第三节 社区活动是银行业务营销的"切入点"…………… 022

第四节 社区是金融安全教育的"投教基地"……………… 027

第五节 社区是防范信贷风险的"另一只眼睛"…………… 030

第六节 社区是未来银行业竞争的"主场地"……………… 033

第三章　社区网格化营销开启银行业务营销新模式

  第一节　从市场营销角度看银行与社区的关系……………………044

  第二节　社区网格化营销模式产生的背景……………………………048

  第三节　社区网格化营销是银行营销渠道的创新……………………056

  第四节　社区网格化营销模式的"四个特征"………………………060

  第五节　社区网格化营销模式的"四个优点"………………………064

第四章　末端营销：社区网格化营销模式"发力点"

  第一节　末端营销概念的提出…………………………………………068

  第二节　末端营销概念提出的意义……………………………………075

  第三节　末端营销的首要目标是增长基础客群………………………081

  第四节　末端营销解决存量客户关系维护难题………………………092

第五章　中小银行构建社区网格化营销体系势在必行

  第一节　从市场营销角度看中小银行发展困局………………………098

  第二节　社区网格化营销体系是一个全新的营销体系………………105

  第三节　构建社区网格化营销体系是中小银行的应对策略…………109

  第四节　社区网格化营销体系的认知误区……………………………116

  第五节　中小银行构建社区网格化营销体系障碍分析………………120

  第六节　社区网格化营销体系的广泛适应性…………………………125

  第七节　社区网格化营销体系的未来延展性…………………………128

第六章　中小银行社区网格化营销体系构建策略

  第一节　社区网格化营销体系构建要素……………………… 136

  第二节　社区画像…………………………………………………… 145

  第三节　社区遴选…………………………………………………… 153

  第四节　银行与社区签订合作协议……………………………… 155

  第五节　网格化推进社区营销活动……………………………… 161

  第六节　融入社区生态…………………………………………… 166

  第七节　建立社区金融生态圈…………………………………… 171

  第八节　打造社区异业联盟……………………………………… 178

  第九节　扩大广告宣传效应……………………………………… 185

  第十节　成为社区首选银行……………………………………… 194

后　　记………………………………………………………………… 197

参考文献………………………………………………………………… 199

第一章
社区是我国城市管理的基础单元

第一节　社区的概念与特征

所谓社区，就是以一定的地域为基础，由具有相互联系、共同交往、共同利益的社会人群与组织所构成的社会实体。"社"是指相互有联系、有某些共同特征的人群，"区"是指一定的地域范围。简而言之，社区就是一群人在相同区域内聚集起来，形成相互联系、互相依赖的群体。这个概念包含了社区的三个显著特征：

一定的地域界限

地域是人们共同生活的场所，也是人们开展共同社会活动的"底盘"。地域是社区的首要因素，离开这些地域条件，社区就无从谈起。在我国的传统社区是指行政命令规划下的居民生活聚集区，通常由住宅小区、单位院落等组成，即便是未来的智慧社区，同样也离不开地域界限，所以社区首先是一个地域概念。

一定的人群聚集

社区具有社会性，其实质是相互关联的一群人，即具有一定规模的社会群体从事共同的社会生活。没有一定规模的人群，就不可能形成社区。当前，随着我国城市化进程的加快、人口老龄化的加速及就业形式的多样化，越来越多的"单位人"转为"社会人"，推动社区人口基数一直呈增长趋势。

共同的社会生活

所谓共同的社会生活，是指人们共同的社会活动或社会互动，包括经济的、文化的、社会的和精神层面的活动，这些活动是该地域中人们联系的纽带。

社区既是一个空间概念，也是一个社会概念。空间概念是指社区作为构成城市的基层单元，是城市运行与管理的基本载体；社会概念是指社区作为城市管理的基础单元，是社区居民的自治组织。社区是社会的一个基层单元，是整个大社会的一部分。

第二节　社区承担着城市服务职能

从管理的范畴讲，社区属于城市居民的自治组织，这一属性决定了社区既不属于行政机关，也不属于事业单位。

社区的基本职能是为居住在社区内的各类人群提供各种公共类、公益类服务。"上面千根线，下面一根针"，用这句话形容社区承担的社会服务职能之多、压力之大毫不为过。社区作为城市管理中最基层的单元，承担了大量的社会服务职能，比如政务服务、民政优抚、卫生健康、社会保障、综合治理、安全生产、基层党建等。

归纳起来，社区服务职能主要有以下几种：

一是社区事务管理职能。在政府部门的指导下，组织社区成员进行自治管理，保障社区居民的基本生活权益，搞好社区公益性、服务性、群众性和救助性的各项管理工作，即管理生活在社区的人群的社会生活事务。

二是社区事务服务职能。为社区居民和社区内单位提供社会化服务。如开展以帮扶社区弱势群体为目的的社区慰问活动；组织社区成员开展公益宣传活动，推进各项惠民活动；提供民政、优抚、社保等社区公共事务服务平台，方便社区居民就近办理公共事务等。

三是社会保障职能。协助政府落实城镇最低生活保障服务，为生活困难的社区居民提供物质支持，帮助社区失业人员再就业，救助和保护社区内弱势群体等。

四是教育培训职能。提高社区成员的文明素质和文化修养，提升社区公共道德水平。如组织引导社区居民开展法治教育，提高居民遵纪守法的自觉性；宣传社会公德，提高社区居民社会公共道德意识和水平；开展职业培训、文化娱乐和体育活动，形成具有本社区特色的文化氛围，增强社区成员的归属感和凝聚力等。

五是应急维稳职能。化解各种社会矛盾，处理公共突发事件，保障社区居民生命和财产安全。如组织社区居民落实防火防盗等治安防范措施；报告辖区案件，并协助有关机关调查；协助公安机关做好重点人口和流动人口的管理；落实对重点帮教人员的帮教措施等。

第三节 社区活动是社区履行服务职能的方式

社区组织的社区活动，都是围绕社区自身承担的社会职能开展的，这些社区活动，归纳起来主要有四种类型：

一是政策宣传类。主要是学习党和国家的新思想、新政策，传达上级组织的政策宣传及工作安排，如政治学习、政策宣传等；

二是公益活动类。开展解决社区居民实际困难、弱势群体帮扶、失业职工再就业、关爱失独、老龄人士、社区家政服务等活动，如弱势群体慰问、爱心传递等；

三是应急管理类。开展净化社区治安环境、排查安全隐患、教育宣传法律知识、提高群防群治意识、提升与犯罪作斗争的能力等活动，如反电信网络诈骗、反民间非法集资、消防演练等；

四是社会和谐类。开展群众文体文娱活动、文明市民宣传与评选、公民道德意识提升、社区精神文明宣讲、家庭美德教育、健康知识讲座等活动，如举办体育类活动、文化艺术类比赛、传统节日庆典等。

社区活动既是社区实现其服务职能的需要，也是满足社区居民精神文化的需要，更是促进社区居民情感交流、增强社区凝聚力、弘扬传统文化、传播社会正能量的必要方式。

第四节 社区网格化管理是城市治理的创新模式

社区网格化管理是指按照管理方便、界定清晰的原则将社区划分为若干网格，然后利用现代信息化手段，建立精细化、全覆盖、高效率的社区管理模式。简单来说，就是把某一区域的人、地、物、事、组织等基本要素都纳入网格中，并为此开展信息化、精细化管理。

社区网格化管理应运而生

随着我国新型城镇化进程的快速推进，大量农村人口涌入城市，在给城市经济提供了充足劳动力的同时，也带来了就业、教育、治安、交通、医疗等方面的诸多社会问题，传统的分散化、碎片化的社区管理模式已不适应社会发展要求。

解决"大城市"的社会治理问题，离不开社区的"小网格"。为应对突出的社区治理问题，社区网格化管理应运而生。2004年，网格化管理在北京市东城区率先实施，2013年11月，"网格化管理"首次出现在最高级别的文件中，十八届三中全会提出了"网格化管理、社会化服务"的基层治理方向，此后，各地相继开展社会治理网格化工作，推动社区网格化管理向规范化、模式化、效率化转变。

社区网格化管理的前提是科学划分网格。社区网格是按照"街巷定界、规模适度、无缝对接、方便群众"的要求,将社区划分为若干个网格,每个网格原则上以300~500户或1000人左右为标准,对自行体系的居民小区、机关企事业单位小区单独设立一个网格,依据这种模式,城市形成"街道—社区—网格"的网格管理模式。

社区网格化管理是我国城市化进程发展到一定阶段的必然产物,是顺应社区治理更高阶段的治理对策。

社区网格化管理创新社区治理模式

社区网格化管理是党的十八大以来,我国基层社会治理的重大实践创新,在城市基层社会治理中发挥了积极的作用。

模式创新。将过去被动应对问题的管理模式,转变为主动发现问题、解决问题的模式,不但对发现问题快速响应,而且处理问题效率较高。

方式创新。整合并引导多方社会资源参与社区管理。社区管理作为城市管理的重要的一环,需要社会多方力量共同参与,形成合力。社区网格化管理有序地引导了社区居委会、社区社会组织、基层党组织等参与到社区治理中,特别是社会力量作为社区管理参与主体,发挥着不可替代的作用。

手段创新。引入了网格管理信息服务平台,它使管理手段信息化,比如,将辖区内的居民及房屋信息录入平台中,满足随时调取、实时共享的需要;强化了对居民信息的需求、服务、评价,对社区工作者的管理工作与考核,保证服务的精准和高效等。随着云计算、物联网、区块链、人工智能等信息技术的广泛运用,数字化、智能化、网络化已经成为提高社区管理水平的重要手段。

社区治理是社会治理的最小单元，是国家治理体系和治理能力现代化建设的基石，这句话充分表达了社区网格化管理的价值。社区网格化管理作为社区管理创新模式，不仅能够满足居民社会生活的需要，更为社会的稳定与发展提供了治理基础和稳定保障。

社区网格化管理提升社区管理效率

一是增强主动性。社区网格化管理围绕管理部件或事件主动搜集信息，主动发现问题，及时完成编码并归类上报。社区网格化管理以信息化为支撑，强化基层基础建设，变"事后介入"为"事前掌控"。网格化管理的主动性，在一定程度上提升了社区服务质量和管理效率。

二是管理信息化。信息化建设是社区网格化管理的基础。一方面，社区网格化管理通过划分网格和信息编码，对城市社区管理部件进行分类，实现了治理对象的精确化；另一方面，依托信息化技术平台，使管理对象信息化、数字化，确保了信息搜集的标准化。使管理手段数字化，管理更加精准高效，为社区节省了大量的资源，提高了居民满意度。

三是流程标准化。城市社区网格化治理将治理流程划分为：受理、审核、派遣、执行、督察、核查、结案。在整个治理流程中，通过网格平台，各单位可以根据实时处理情况，及时更新信息以及调整决策。标准化的信息处理流程，较好地实现了对管理对象信息的动态把控。

第五节　社区发展前景广阔

社区连着千家万户，是社会的基本单元，也是城市运行的"底盘"。

正因为如此，国家十分重视社区建设，在促进多方主体参与社区服务治理，形成基层政府、社区党组织、经济组织、社会组织和社区居民等各方力量和资源整合共享的同时，提出并推动完整社区、智慧社区、未来社区等建设方案。

完整社区

2022年10月，住房城乡建设部、民政部印发通知，开展完整社区建设试点工作，勾画出完整社区建设蓝图。

一是完善社区服务设施。在社区配建便民商业服务设施，打造"15分钟社区生活圈"；二是建设宜居生活环境。建设社区公共活动场地和公共绿地，推进社区宜居改造，营造宜居的生活环境；三是推进智能化服务。引入物联网、云计算、大数据、区块链和人工智能等技术，建设便民惠民智慧生活服务圈；四是健全社区治理机制。建立健全党组织领导的社区协商机制，培育社区文化，凝聚社区共识，增强居民对社区的认同感、归属感。

智慧社区

近年来，社区数字化、智能化进程正在持续推进。国家相关部门也连续多次发文倡导和鼓励智慧社区的推进和建设。2022年5月，民政部、中央政法委、中央网信办、发展改革委、工业和信息化部、公安部、财政部、住房城乡建设部、农业农村部等九部门印发《关于深入推进智慧社区建设的意见》提出，到2025年，基本构建起网格化管理、精细化服务、信息化支撑、开放共享的智慧社区服务平台，初步打造智慧共享、和睦共治的新型数字社区的建设目标。该"意见"提出了六个重点任务：

一是集约建设智慧社区平台。推进智慧社区综合信息平台与城市运行管理服务平台、智慧物业管理服务平台、智能家庭终端互联互通和融合应用，提供一体化管理和服务。

二是拓展智慧社区治理场景。全面推进"互联网+社区党建"，推动社区党建工作和党员管理服务信息化；促进智慧小区建设，拓展智能门禁、车辆管理、视频监控等物联网和云服务。

三是构筑社区数字生活新图景。推动就业、健康、卫生、医疗、救助、养老、助残、托育、未成年人保护等服务"指尖办""网上办""就近办"；推动社区购物消费、居家生活、公共文化生活、休闲娱乐、交通出行等各类生活场景数字化。

四是推进大数据在社区应用。完善社区重点人群基础数据，加快构建数字技术辅助决策机制，科学配置社区服务资源，优化社区综合服务设施功能布局。

五是精简归并社区数据录入。加快建立标准统一、动态管理的社区数据资源体系，大幅减少工作台账报表；加强社区数据安全管理和保障。

六是加强智慧社区基础设施建设改造。完善自助便民服务网络布局，推进小区智能感知设施建设，扩大智能感知设施和技术在社区的广泛应用。

未来社区

2019年3月，浙江省正式发布《浙江省未来社区建设试点方案》，提出了未来社区的"139"顶层设计方案，即"一个中心"：以人们美好生活为中心；"三个价值导向"：人本化、生态化、数字化；"九个场景"：未来邻里、教育、健康、创业、建筑、交通、低碳、服务和治理。打造有归属感、舒适感和未来感的新型城市功能单元。浙江模式是继上海"15分钟生活圈规划"、深圳"城市更新"、雄安"数字城市"之后又一种模式，表现出了对未来社区的美好设想。

第二章
金融视角看社区：银行业务的"宝库"

第一节　社区是银行基础客群的"富集地"

根据相关数据，2017年，我国城镇化水平首次超过60%。城市已成为人们生产生活的主要场所，社区作为城市人口的主要载体，吸纳了更多的城市人口。

逐年提高的城市化率不断提高城市社区人口基数

城市化率（也叫城镇化率）是城市化的度量指标，一般采用人口统计学指标，即城镇人口占总人口（包括农业与非农业）的比重。根据国家公布的数据，从2017年到2022年，仅仅五年时间，我国常住人口城镇化率从60.24%提高到65.22%，平均每年提高约1个百分点。2021年我国城镇常住人口为91425万人，城镇化率为64.7%，有21个省份城镇化率超过60%，其中8个省份超过了70%，2022年中国城市化率为65.22%，比上一年提高0.5个百分点。根据联合国的估测，世界发达国家的城市化在2050年将达到86%，我国的城市化率在2050年将达到71.2%。

图2.1

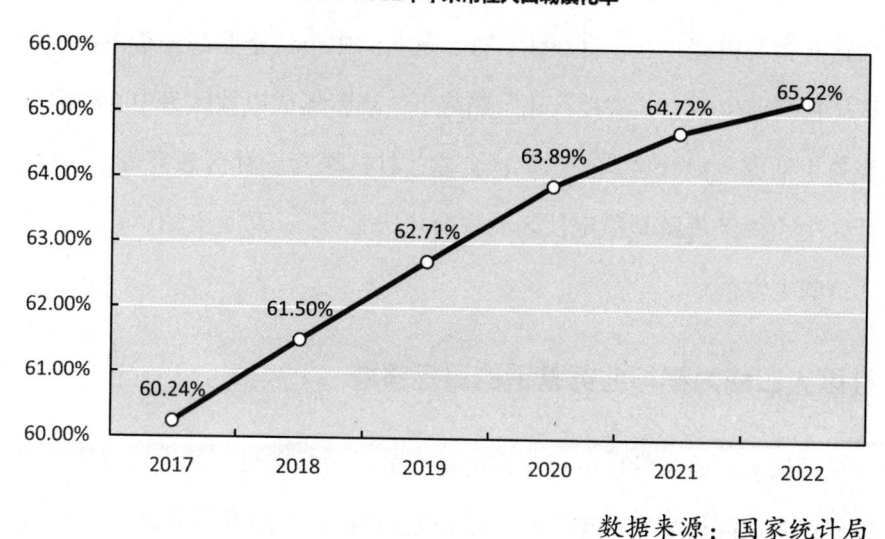

2017-2022年年末常住人口城镇化率

年份	城镇化率
2017	60.24%
2018	61.50%
2019	62.71%
2020	63.89%
2021	64.72%
2022	65.22%

数据来源：国家统计局

城镇化是现代化的必由之路。当前，我国正在深入推进新型城镇化，在新型城镇化下，大城市的城市化率和户籍城市化率都会显著提高，继续提高城市社区人口基数。以湖南省为例，根据第七次全国人口普查结果，2022年末，湖南省常住人口6604万，尽管人口自然增长率−2.31‰，但城市化率达到60.31%，比上年末提高0.6个百分点。也就是说，城市社区人口仍然在持续增长。

社区中小微经济成为吸纳就业人口的主力军

随着我国城市化进程的加速，城市社区已经越来越成为社区居民的生活与消费共同体。作为我国城市社区消费经济的主要提供方，社区中小微经济主要是为了满足社区消费群体美好生活的需要，本质上既是为社区消费群体提供消费需求，同时自身也是消费终端。

有统计数据显示，我国城镇80%以上的就业是由中小微企业提供的，而这些主要围绕"衣、食、住、行、玩"的中小微企业都分布在各个社区。在当前生活方式"社区化"趋势下，逐步形成以社区为中心的配套服务生活圈，如社区购物、社区食堂、社区医疗、社区教育等。所以，社区中小微经济既是稳定社区经济的"压舱石"，又是吸纳、稳定就业人口的主力军。

社区人口成为银行业务营销的目标客群

社区人口是指社区内以一定的社会关系为基础聚居的人口群体。它既是衡量社区规模的重要标志，又是确定社区层次的重要依据。

以常住人口数量位居全国第五的四川省为例。第七次全国人口普查数据显示，全省常住人口8367.5万，其中，居住在社区的常住人口4861.9万，占比58%；从社区人口规模上看，全省社区平均常住人口5796人，其中，5万人及以上的社区有8个，1万人到5万人之间的社区有1524个，1万人以下的社区有6857个，城市社区成为了人口的聚集地。另外，统计数据还显示，在北上广深一线城市中，约有80000多个成熟社区，聚集了7200多万人口，成为高净值人群的"富集地"。

社区作为人们生活的共同体，它不仅包括一定数量的人口，而且还包括由这些人构成的社会群体和社会组织，以及服务于社区居民的中小微企业。也就是说，城市所有的行政事业单位、企业、个体工商户等都在城市社区管辖范围内，换句话说，不论是公务员、事业编制人员、企业人员还是灵活就业人员，大家都有一个共同的身份：社区居民。所以，社区就是一个"聚居在一定地域范围内的人们组成的社会生活共同体"。如果把社区当成一个管理单位，那么社区无疑是银行眼中最大的基础客群聚集地，也必定成为银行业务营销的目标客群。

第二节　社区是银行业务下沉的"落脚点"

社区庞大的市场需求是银行业务下沉的"出发点"

社区有一定数量的人口，有各类经济体和社会组织，随着我国城市化进程的不断推进，基于社区居民和中小微企业的存款、贷款、结算、理财、投资等金融业务的需求很大，银行服务下沉到社区，能够满足银行零售业务、小微业务和公司业务的铺面发展。基于这个道理，区域性股份制商业银行、城市商业银行、农村商业银行等中小银行依托社区与国有大行展开"错业经营"，在服务中小微市场、长尾客户中发展壮大。

银行业务下沉趋势越来越明显

随着金融科技的发展、同业竞争的加剧，在普惠金融、消费贷款、经营利润等压力之下，不仅国有大行不断下沉服务，而且，服务地方与中小微企业的中小银行，感受到了巨大的竞争压力。

普惠金融压力之下的业务下沉。中小微市场历来是中小银行的"传统领地"。然而，近年来在国家政策和监管部门的引导下，为了实现普惠业务的增量扩面，国有大行开始下沉服务重心。由于国有大行和中小银行在普惠小微型的目标客户中存在高度重合的情况，双方在优质客源、微小散户和长尾客户领域展开争夺。国有大行利用国有品牌、资金成本、数字科技、风控技术等优势，逐渐扩大对普惠小微群体融资供给"空白地带"的覆盖，并且，随着普惠贷款而来的还有银行理财、代收代付、手机银行、网上银行、远程银行等具有比较优势的产品与服务，在提供普惠小微客群优惠利率贷款的同时，国有大行通过交叉销售方式，利用产品与服务的优势，不断"开挖"中小银行的基础客群，动摇中小银行的客群基础。

消费贷款市场多重压力之下的业务下沉。消费贷款由于紧贴人们生活需求，一直是银行同业竞争的重点。近年来，消费贷款市场出现的一些新变化，加剧了同业竞争的压力，引导银行业务下沉。

一方面，消费贷款增长失速。近年来住房贷款需求减少，按揭贷款投放减速，直接影响了消费贷款的增长。2022年住户短期贷款仅增加1.08万亿，同比少增0.76万亿，主要就是消费信贷需求大幅降低所致；另一方面，消费贷款市场竞争加剧。2022年9月，中国建设银行筹建的建信消金获得银保监会批复，成为我国第31家获批开业的消金公司，也是第三家拥有消金子公司的国有大行。与传统金融机构相比，消费金融公司的目标客群更下沉，信用等级较低，涵盖了较多在传统金融体系中无法获得金融服务的长尾客户。建信消金的获批，预示着更多的消金公司正在获批的路上，无疑将加剧消费贷款市场的未来竞争态势。

消费贷款市场需求的"萎缩"，叠加同业竞争的加剧，"逼迫"银行业务与服务持续下沉。

利润增长失速之下的业务下沉。我国银行业的营收与利润主要来源于存贷款利差，近年来，银行业的净利润增速在逐步放缓。2022年，商业银行净利润同比增速为5.3%，2023年一季度净利润同比仅增长1.3%，同比下降6.1个百分点。净利差也是如此，2022年商业银行净利差在逐季下降，年末净利差为1.91%，同比下降17个基点。

在利差收窄、银行利润增速减缓的大趋势下，银行业务下沉到议价能力较弱、定价较高的小微贷款，成为各家银行提升利润增长的战略举措之一。

社区是银行业务下沉的"根据地"

社区有银行亟须的基础客群。基础客群是银行业务发展的基础，是银行的核心竞争力之一。社区人口基数大，一般有几千、几万甚至十几万人，加上围绕社区"衣、食、住、行、玩"等数量众多的中小微企业，这些都是银行基础客群的主要来源。

社区有网格化信息管理平台。信息化建设是社区网格化管理的基础，社区网格化管理模式借助信息化管理平台，实现对辖区内的"人、地、事、物、情、组织"的综合管理，实现社区"城市管理、综治维稳、社会保障"等多网融合，既加强了对重点人群和事件的信息管控，又满足了对普通社区居民的服务要求。银行业务下沉社区，依托社区网格化信息管理平台，主动了解和发现业务商机，使其营销活动更加直接、更加精准。

比如常说的"扫楼行动"，在以往的业务营销模式下，银行通过发放业务宣传单"守株待兔"式的获客，目标客户不明确，获客效率低下，营销效果不好。如果银行借助社区平台，社区的公信力可以显著地减轻社区居民对银行营销行为的不信任感或抵触情绪，还可以让银行的营销活动得到住宅小区物业或业主委员会的支持，并且，利用社区网格化信息系统，银行可以了解社区内住宅小区的特性和社区居民的偏好，银行营销更能做到有的放矢。总之，把社区当作银行业务下沉的"根据地"，使营销渠道更加畅通，银行产品和服务信息更容易触达社区居民，银行营销主动性大大增强，"扫楼行动"成效更好。

第三节　社区活动是银行业务营销的"切入点"

社区活动是社区履行管理职能的必要方式

社区虽然不是行政事业单位,却承担了大量的基层行政服务职能,此外,社区还要承接上级政府部门及政府派出机构安排的诸多社会事务,为了完成这些工作任务,社区活动是必不可少的履职方式。

比如,在我国的传统节日,如春节、元宵、端午、中秋、重阳等,社区往往会组织突出社会和谐主题的社区慰问活动;在妇女节、劳动节、青年节、儿童节、建党节、建军节、教师节、国庆节、元旦等节日,社区一般要组织庆祝宣传活动;在维稳处突、应急管理、安定团结、政策传达等事项上,社区需要举办宣传教育活动;在弱势群体帮扶、失业职工再就业、解决社区居民实际困难等方面,社区也会经常性地开展帮扶活动等。

社区承担的行政服务职能和社会事务非常多,相应举办的各种社区活动也会很多,据调查,社区平均每月需要开展3~4场社区活动。

社区活动存在短板

社区每年都要组织很多社区活动，以满足社区居民在文化生活、信息传导、和谐社会等方面的物质文化需求，但社区在组织社区活动时，存在三个难点：

一是活动经费严重不足。社区服务的经费主要来源于按照法律规定的政府资助，一般专款专用于社区办公开支、社区基础设施建设与维修、社区应急维稳工作、群众教育宣传活动等方面，此外，社区还依赖社会捐助以及少量的社区有偿服务收费收入，办公经费十分有限。而社区需要承担基层政府职能部门及政府派出机构交办的大量行政和服务性事务，并且"费随事转"得不到落实，致使大部分为履职而举办的社区活动没有明确的经费来源，使得社区在开展活动时显得力不从心。

二是专职工作人员严重不足。社区在承担调查统计、宣传培训、维稳调解、信息收集、应急管理等基础工作的同时，还要协助政府部门或政府派出机构做好社会治安、公共卫生、优抚救急、社会保障等工作。社区原则上应按照"每300~500户常住人口配备1名工作人员"的标准配备，但实际上社区工作人员往往配备严重不足，在社会人员向社区集中、社会工作向社区下沉的情况下，社区工作人员太少，工作很难做到位。以网格为例，一个社区网格员（往往是社区专职工作人员兼职的）要承担网格内的民政、司法、就业、社保、老龄、城管、综治、维稳、信访、党建等大大小小几十个项目，其所在的网格内，居民户数大都超过500户，多的可达到1500多户。社区普遍面临人员紧张问题，对于高频的社区活动往往疲于应付，多数社区活动只能借助社区志愿者完成。

三是社区居民参与兴趣不高。社区是社区居民的自治组织，没有行政管理权限，社区在开展社区活动时，不能行使行政权力，加上前两个原因，使得部分社区活动流于形式，因而社区居民的参与兴趣不高，参与度也不高。

高频的社区活动为银行业务营销提供了商机

社区开展社区活动时存在的这些"短板"，对于银行而言，其实就是机会。银行的业务营销，需要寻找市场、客户和活动渠道，高频的社区活动恰好成为银行业务营销活动的切入点，借助社区的活动平台，银行的业务营销将更加高效。

以反电信网络诈骗（以下简称反电信诈骗）为例。

近年来，随着网络的兴起和线上支付工具的广泛应用，社会上不法分子利用网络监管漏洞和人们防诈意识不足的特点，肆意行骗，给人们造成了巨大的财产损失，有些还导致了受骗者倾家荡产甚至死亡的惨剧。为铲除这个毒瘤，国家重拳出击电信诈骗，取得了良好的成效。在反电信诈骗的行动中，社区作为城市最基层的管理单元，作为社区居民最直接的"守护神"，承担了大量繁杂的工作任务，包括宣传教育与培训、国家反诈中心App下载使用宣传等，有些工作还需要社区网格员挨家挨户上门服务。社区反电信诈骗宣传活动既成为了社区活动的"必选项"，也给社区人员带来了繁杂的工作量，令本来就事务繁杂且人手紧张的社区只能疲于应付。

如果社区与银行联手，反电信诈骗活动将更加有成效。相对而言，银行对于反电信诈骗的宣传更加专业，社区居民更加容易接受，比如，同样的一句话"切忌向任何人透露银行卡支付密码",银行工作人员与社区网格员分别宣讲,社区居民对银行工作人员的话更容易采信,因为社区居民都知道,这些是银行的专业领域。银行借助社区开展的反电信诈骗活动平台,既可以减轻社区的反电信诈骗任务压力,又可以以银行专业的宣讲方式增强活动效果,还可以获得社区和社区居民的信任,为银行的社区金融业务营销创造良机。

社区活动的公益属性提升银行的服务品牌

社区是社区居民的自治组织,社区通过组织社区活动达到管理社区的人与事的目的,由于社区是服务型的自治组织,因而组织的社区活动很多都是公益活动。在银行参加的各种社区活动中,公益活动是必选项,银行通过参与公益活动,获得社区的认可和支持,进一步提升银行的服务品牌形象。银行支持社区公益活动的路径主要是:

其一,慰问弱势群体,传递社会正能量。在社区慰问孤寡老人、留守儿童等需要社会照顾的弱势群体,既体现人间温暖与社会和谐,又提升银行的服务形象。这些公益活动通常是以物资来表达,具有"小众高频、感受直观"的特点。"小众高频"是指活动金额不大或所需物质不多,但活动的次数较多;"感受直观"是指活动组织者与参与者均能直观地感受到公益活动带来的体现社会和谐的正义、正气和正能量。

其二,普及金融知识,保值增值家庭财富。银行利用金融专业领域的优势,为社区居民提供反电信诈骗、反民间非法集资、反洗钱、人民币真假识别、个人/企业征信等金融风险知识培训,提高全民抗风险意识和抗风险能力,建立金融安全屏障,打造金融安全社区。

其三，提供金融业务咨询，方便社区金融业务办理。银行在线下或线上提供金融资讯、风险案例、金融风险防范提示等，提高社区居民抗金融风险的能力；接受社区居民在存贷款利率、理财、便捷支付、贷款等金融业务咨询，有助于社区居民金融知识水平的提高；延伸银行的金融服务功能到社区，方便社区居民足不出社区就能享受到金融服务的便利。

近年来，我国金融企业在社会责任方面，积极履行自身担当。国有大行与一些中小银行创立了公益基金项目或平台，用于公益事业。比如，中行的"中行公益平台""北京中银慈善基金会"，中国邮政储蓄银行的"邮爱公益平台"，长沙银行的"快乐益家慈善基金会"等。

以长沙银行的公益平台为例。过去几年来，长沙银行通过专属公益品牌"快乐益家慈善基金会"，捐赠慈善公益项目164个，累计捐赠金额约8215万元，惠及地区覆盖了湖南省内14个地州市，惠及人群超16万人次。其中，"快乐·课后三点半"项目自2017年设立以来，长沙银行共捐赠项目资金1200万元，累计惠及97所小学的11607名进城务工人员子女和城区低保家庭子女。

第四节　社区是金融安全教育的"投教基地"

社区缺失金融安全教育功能

我国城镇化进程40多年，社会治理与社区一直形影不离，社区作为城市社会治理最基层的机构，逐渐成为城市社会治理最核心的管理单元。社区虽然不是行政事业单位，却承担了大量的行政服务事务，如社会保障、民政优抚、安全生产、应急维稳、卫生健康等，这些服务功能基本上满足了社区居民的基本生活需要。

然而，作为与社区居民生活息息相关的金融服务功能，社区显然缺失或不足，主要表现在社区居民金融知识普及率低、金融安全意识不高、及时识别金融风险与抗风险的能力较差等，具体表现在以下几个方面。

一是对犯罪分子实施电信诈骗的手段、引诱话术等知识知之甚少，缺少防范手段。

二是对买卖、出借银行卡与银行账户的犯罪性质不清楚。

三是对民间非法集资的形式、危害性认识不够，防范意识不强。

四是对个人信息保护意识不强。

五是对保护个人征信的重要性和方法不甚了解。

六是对非法洗钱的途径、形式以及如何防范等知识一知半解。

七是基于金融知识的欠缺，导致投资理念出现偏差。

八是遭遇资金诈骗后不知如何应对止损，等等。

社区亟须建立金融安全屏障

社区人口基数大，居民结构复杂，文化教育程度高低不一，发生的金融风险案例不少，甚至有些同样的金融风险在社区反复出现，令人防不胜防。在金融犯罪手段隐蔽化、高科技化情况下，社区亟须在社区居民中普及金融安全知识，提高风险防范意识，提升风险防范技能，在社区建立金融安全屏障。

仍以反电信诈骗为例。所谓电信诈骗，是指不法分子利用通讯、互联网等技术和工具，通过拨打电话、植入木马和发送短信等方式，编造虚假信息，设置骗局，对受害人实施远程、非接触式诈骗的犯罪行为。

电信诈骗犯罪愈演愈烈，给人民群众财产造成重大损失，严重影响社会安定，已成为社会公害。据统计，2022年以来，全国共发生利用固定电话号码实施的电信诈骗案件5200余起，涉案金额高达5亿元，危害十分严重。在犯罪分子实施诈骗的手段中，刷单返利、虚假投资理财、虚假网络贷款、冒充客服、冒充公检法5种诈骗类型发案占比近80%，成为最为突出的五大高发类案件。

国家近年来加强了对电信诈骗的打击力度。2022年9月国家颁布了《中华人民共和国反电信网络诈骗法》，强化惩治电信网络诈骗犯罪行为，公安、工信等国家部委联手开展专项斗争，组织全国性的专项行动，取得了很大的成效，2022年破案46.4万起，抓捕犯罪头目和骨干351名。尽管政法部门对电信诈骗犯罪活动保持高压态势，但电信诈骗的犯罪行为一直没有消失，在一些地方仍然呈现高发态势。究其原因，除了犯罪分子诈骗手段高科技化与隐蔽化以及犯罪活动实施集团化等因素外，社会公众的防范意识有待提高，社区金融安全教育有待加强，也是不容忽视的重要原因。也就是说，加强人们金融安全教育培训，提升人们金融风险防范的意识和能力，构建金融安全社区是反电信诈骗的基础工作。

银行增强社区金融安全教育功能

加强社会公众金融安全教育是一项长期的、基础性的工作。社区作为我国城市社会治理最基层的单元，承担了金融安全宣传、金融安全培训以及阻断金融犯罪实施行为等职能，力图在社区构筑起金融安全屏障。然而，社区专职人员少，承担的社会职能多，管理的事项又杂，加上社区专职人员本身金融知识欠缺，金融风险识别能力不足，社区金融安全教育迫在眉睫。

银行在金融安全教育方面具有专业优势。监管部门要求银行在经营网点设立投资者教育基地，意在为社会公众宣传金融安全知识。其实，社区就是最好的投教基地。银行业务下沉社区，可以弥补社区金融服务功能短板，并且，通过在社区居民中普及金融知识，提升金融风险防控意识，构筑金融安全屏障，获得社区居民的认可，可为银行开展社区金融业务打下良好基础。

第五节　社区是防范信贷风险的"另一只眼睛"

信贷风险源于对信贷客户的不了解

当前，我国银行业利润主要来源于存贷利差，信贷业务是银行创利的主渠道，信贷资产的质与量很大程度上决定了一家银行的赢利能力。银行除了加强市场营销，做大信贷投放量外，信贷资产质量也是非常重要的。产生信贷风险有很多原因，其中对信贷客户的不了解是首要因素，比如：

一是贷款人还款意愿、还款能力不足。

二是贷款人经营状况、财务状况较差。

三是贷款实际用途不明确或挪用信贷资金。

四是贷款人存在民间非法集资行为，有"隐形债务"风险。

五是贷款人经营恶化或抽逃资金。

六是贷款抵押物产权不明确导致抵押悬空。

七是贷款人恶意转移资产，有意逃废银行债务，等等。

了解客户，是授信管理的基本要求，也是监管部门对银行业经营机构的工作要求。基于对信贷客户的不了解而产生的信贷风险，形成坏账的可能性非常大,甚至还会出现骗贷、洗钱等违法犯罪行为。银行必须加强对授信客户的全面了解,严控信贷主体准入第一道关卡。银行对此通常采取的防控策略是风险关卡前移,即在授信客户准入之前,必须分析客户的财务、非财务信息,防控手段包括审阅资料、现场调研、第三方走访等,严把授信准入关。

中小银行由于科技力量相对薄弱,缺乏对数据资产的分类提取和风险分析的能力,核心风控能力上有待加强。比如,部分中小银行仅仅依靠人民银行征信系统进行客户信用风险的识别,不足以准确、全面把握客户的信用状况。社区服务于社区居民,对辖区内居民的情况一般比较了解,并且拥有了解社区居民的条件和方法,成为银行防范信贷风险的"另一只眼睛"。

社区网格化信息管理平台助力银行信贷风险防范

一方面,社区网格化管理通过划分网格和信息编码,对城市社区管理部件进行分类,实现了治理对象的精确化;另一方面,依托信息化技术平台,使管理对象信息化、数字化,确保了信息搜集的标准化。借助社区网格化管理模式及信息化技术平台,中小银行实现银行信贷业务全过程的贯通,有利于信贷风险的防范。

银行除了通过社区和社区活动加强金融业务营销外,其实还可以借助社区网格化信息管理平台对信贷风险的全过程予以管理和控制。经过多年的探索与发展,社区网格化信息管理平台已经经历了信息化、数字化的改造,成为智能化的管理模式。社区通过网格化管理方式,"透视"社区的人和事,精确把握社区内的住宅小区、楼栋、房屋、居民、专业市场和社会经济组织等信息，对重点人群重点关注，重点事项重点督办。银行借助社区网格化信息管理平台，可以在信贷业务的全过程中，动态地了解和把握贷款人的基本信息，有助于银行有效地防范信贷风险。

其一，贷前调查。在贷前调查时，借助社区交叉了解借款人的相关信息，比如财务报表上难以体现的贷款人性格特征、为人处事风格、过往信用表现、还款意愿、社会关系、民间非法集资行为等非财务信息，为信贷决策提供第三方参考依据。

其二，贷后管理。在贷后管理中，除了审阅贷款人财务报表和现场走访外，还可以通过社区了解和收集贷款人的实际经营与财务状况的变化情况、家庭或公司资产负债的异动情况以及贷款人资产或抵押权属关系变化情况等。

其三，不良催收。在催收或处置不良授信时，借助社区了解当事人的相关线索，助力不良资产催收或处置，甚至还可以有效防止当事人"躲猫猫"或非法转移资产行为。

建设金融安全社区

银行借助社区网格化信息管理平台，实现对信贷业务全过程的风险控制，从第三方的角度增强银行信贷风险的防控能力。既满足符合条件的中小微经济与社区居民的资金需求，又可以通过银行与社区的合作，最大限度地排除信贷投放风险，有利于银行与社区共同建设金融安全社区，促进银行业与社区经济的良性发展。

第六节 社区是未来银行业竞争的"主场地"

国家高度重视社区建设

社区是我国城市社会治理的最基层单元，是城市治理的基础，也是国家治理的重点。社区承担了我国城市管理中的许多服务职能，如社区生活事务管理、社会化服务、弱势群体保障、文明素质教育、社会安全稳定等。社区通过网格化管理，实现了城市安全稳定、文明促进、信息传递以及应急处理等服务职能。

国家密集出台了若干支持社区建设和发展的文件、制度，大力支持社区建设。继2017年新中国历史上第一个以党中央、国务院名义出台的关于城乡社区治理的纲领性文件《中共中央 国务院关于加强和完善城乡社区治理的意见》后，国家又连续出台了关于智慧社区、完整社区建设等十多个加强社区建设的文件。

按照国家对社区建设的方案目标，从改善社区人居环境、加快社区综合服务设施建设、优化社区资源配置等方面采取针对性措施，努力破解瓶颈问题，着力提高社区居民参与能力、社区服务供给能力、社区文化引领能力、社区矛盾预防化解能力、社区信息化应用能力等社区能力建设，基本构建起网格化管理、精细化服务、信息化支撑、开放共享的智慧社区服务平台，把城乡社区建设成为和谐有序、绿色文明、创新包容、共建共享的幸福家园。

国家不断完善社区管理与服务功能，未来将推动社区食堂、社区养老等服务新功能，着力打造服务功能齐全的完整社区。未来社区前景广阔，吸引了一些社会力量也下沉到社区，参与和支持社区建设，比如，阿里云推出了"ET城市大脑"智慧城市解决方案，已成功在杭州、上海、雄安等城市落地实施，网易云在智慧教育和智慧医疗领域形成了解决方案等，社区建设越来越成为我国城市建设的重要环节。

社区建设持续推进催生大量金融需求

2022年5月，民政部、发展改革委、住房城乡建设部、农业农村部等九部门印发《关于深入推进智慧社区建设的意见》，2022年10月，住房城乡建设部、民政部印发《关于开展完整社区建设试点工作通知》，这两个文件都围绕社区服务设施、宜居生活环境、智能化服务、数字生活社区、智慧社区平台等方面推进社区建设，打造新型数字社区。

为打造社区"15分钟生活圈"，国家推进在社区配建便利店、果蔬店、食堂、理发店、洗衣店、药店、维修点、家政服务网点等便民商业服务设施；规划建设幼儿园、托儿所、老年服务站、社区卫生服务站等社区综合服务设施；统筹配建中小学、养老院、社区医院等设施，建设社区公共活动场地和公共绿地；推进社区宜居改造等。

在社区建设持续推进过程中，需要大量资金投入到老旧小区的改造升级、社区配套设施建设、智慧社区的建设与运营等方面，其中既有大的项目资金投入，也有众多的小微资金需求，更会为银行带来存款、理财、结算等大量的金融业务。

社区支行的兴起是中小银行"抢滩"社区金融的有益尝试

社区银行的概念来自美国等西方国家，是指资产规模较小、主要为经营区域内中小企业和居民家庭服务的地方性小型商业银行。

我国社区支行的探索源自2006年龙江银行开设首家"小龙人"社区银行。2010年后，各中小银行纷纷跟进，并在2013年进入疯狂扩张阶段，包括华夏、浦发、民生、光大、中兴、平安等在内的多家股份制银行争相扎堆开设社区支行，北京农商行、南京银行等区域性银行也开设了社区支行网点。据不完全统计，当年多家中小银行获得的社区支行牌照总量为1000个左右。但几年下来，由于网点功能定位模糊、业务单一、成本高等原因，社区支行热很快"降温"。

中小银行设立社区支行的出发点就是依托社区发展社区金融业务，看中的就是社区庞大的基础客群和旺盛的小微金融需求。中小银行在经历了社区支行的开立——撤并——优化之后，已经看到了社区金融的发展前景。

值得一提的是，很多人甚至包括部分金融从业人员都把"社区银行"与"社区支行"混为一谈，甚至把2013年社区支行暴增盛况称之为"社区银行元年"，其实二者是有区别的，而且很容易区别。"社区银行"一词源自美国，根据美国联邦存款保险公司的定义，"社区银行"是指区别于美国花旗银行、富国银行、美洲银行和摩根大通银行等四大行和非社区银行之外的一类银行机构，在美国近7000家法人机构中，社区银行占比超90%；"社区支行"是指定位于服务社区居民，实行有限牌照经营的银行网点，是支行网点的一种特殊类型。中国银保监会2013年颁布了《关于中小银行设立社区支行、小微支行有关事项的通知》，这是针对"社区支行"设立、运行、管理等的规范性文件，文件中使用的名称就是"社区支行"，而不是"社区银行"。可见，我国境内设立的"社区银行"，实质上就是"社区支行"。

国有大行服务下沉拉开了普惠金融竞争序幕

近年来，国有大行不断下沉服务重心，在普惠金融领域与中小银行展开了竞争。由于中小微企业、城镇低收入人群和残疾人、老年人等特殊群体是当前我国普惠金融重点服务对象，而这些目标群体主要分布在我国城乡社区，所以，普惠金融领域的竞争，实际上也是社区金融的竞争。

受我国二元经济结构的影响，金融资源过度向"上"、向"大"集中，而大批小微企业与个体工商户的金融需求长期得不到满足和增长，金融服务两极分化现象普遍。在这个背景下，国务院于2016年1月出台了《推进普惠金融发展规划（2016—2020）》，促进普惠金融政策在我国银行业全面落地实施。

从实施的结果看，到2020年，国有大行普遍下沉业务重心，小微企业贷款"增量扩面"成效显著。但存在的问题也很突出：国有大行通过降低贷款利率、调整风控模型等手段"掐尖"原本属于中小银行的存量优质客户，银行业竞争激烈，优质小微企业成为国有大行和中小银行竞争的焦点，形成了"垒小户"而不是"垒大户"的奇怪现象。为此，监管部门从2020年开始，连续三年出台监管政策，强化了"首贷户"的考核。如2020年7月，银保监会发布《商业银行小微企业金融服务监管评价办法（试行）》中，将"首贷户"新增情况单列为重要评估指标；2021年4月发布了《关于2021年进一步推动小微企业金融服务高质量发展的通知》，明确"首贷户"考核规定；2022年4月，发布了《关于2022年进一步强化金融支持小微企业发展工作的通知》，要求大型银行、股份制银行实现"首贷户"数量高于上年的目标。

这些监管政策和措施的出台，引导国有大行持续下沉服务重心，在普惠金融领域持续深耕。一个较为明显的变化是，国有大行的线下物理网点，近年来在总数呈现逐年减少的趋势背景下，作为普惠金融主阵地的县域网点反而增加了。2019年到2022年末，国有六大行网点总数减少至10.56万个，三年共减少约2100个，而同期县域网点增加约7000个，占比反而提高了7.5个百分点。

为适应外部经济环境、同业竞争及内部业务结构调整的变化，国有大行从自身发展的需要，加强了服务下沉的广度和深度。

一是有效提高净息差水平。近几年来，受LPR利率下行、存款定期占比上升等因素的影响，国有大行净息差连续多年持续收窄。在国家强化推进普惠金融之前，银行业"垒大户"问题突出，优质的国企、平台公司、行业领先的大中型企业及高净值客户等，都是银行业开展市场营销、争相投放贷款的目标客户，然而，"大户"由于融资渠道广泛，议价能力强，客户关系维护成本高，信贷风险虽小但贷款投放创收也低。而中小微企业不一样，贷款的单笔金额虽然小，承受的风险相对较大，但是中小微企业议价能力相对较弱，并且，贷款银行除了投放贷款外，一般还营销了个人开卡、收单结算、信用卡及分期等零售业务，综合收益良好，对银行利润贡献也大。所以银行业务下沉，能起到改善银行净息差的良好作用。

二是改善客户结构。相对而言，国有大行的客户结构"偏大""偏重"，虽然有利于业务规模快速增长，但不利于业务稳定和可持续发展。国家监管政策持续加强普惠金融"首贷户"的考核，"首贷户"的增长能有效改善国有大行的客户结构，有助于国有大行调整息差比例和增长结构。

三是分散信贷风险。业务下沉有利于国有大行降低金融风险集中度，有利于分散信贷风险。其一，中小微业务户均、笔均金额较小，不易形成风险集聚；其二，中小微业务客群分散、行业分散，引发行业性、集中性风险的可能性较小；其三，即便出现逾期或不良贷款，由于单户金额小，风险资产处置的难度也相对较小。

国有大行在普惠金融领域取得良好成效。在国家监管政策引导和自身发展转型下，国有大行持续下沉服务重心，在普惠金融领域继续"增量扩面"。

根据最新统计数据，2022年末，国有大行普惠小微金融贷款余额8.6万亿元，占比从2021年的34.37%上升到2022年末的36.5%；从六大行陆续发布的2022年年报可看出，2022年六大行新增普惠小微贷款2万亿，增速均在20%以上。其中，中国农业银行普惠金融余额2.57万亿元，增长28.2%；中国建设银行普惠金融余额2.35万亿元，增长25.5%；中国工商银行普惠金融余额1.55万亿元，增长41.1%；中国银行普惠金融余额1.23万亿元，增长39.3%。

其中，中国银行普惠金融业务实现快速发展，截至2022年末，普惠贷款余额突破1.23万亿元，是2017年的近4倍，发展近75万小微客户，较2017年翻了一番；中国建设银行的普惠金融市场份额领先；难能可贵的是，中国建设银行普惠金融的不良贷款率保持在1%左右，低于全行平均不良率，更低于全行整个对公板块的不良水平。

中国建设银行是普惠金融服务下沉乡村最为积极的国有大行。2017年该行设立普惠金融部，当年开始推进"裕农通+"系列平台和金融服务点，2019年在总行设立乡村金融部，大力推进下沉乡村工作，到2022年末，在全国建立起44万个"裕农通"普惠服务点，覆盖全国大部分乡镇及行政村，服务农户5200多万户，成功地将金融服务延伸到了乡村。

与此同时，中国建设银行加强城市社区的业务布局，持续发力智慧政务。在优化城乡居民政务办理方面，不断探索"金融+政务"的新路径。截至2022年末，已经与29个省级政府建立合作关系，为14省13市搭建"互联网+"平台或应用场景，平台注册用户达2.4亿户。建设银行37家省市级分行全部开放网点智慧柜员机，提供8000余项政务服务业务的办理、预约、查询功能，实现全国31个省、自治区、直辖市全覆盖。

具体以湖南省为例。2022年12月，中国建设银行与湖南省合作的"湘易办"超级移动端正式上线运行。这是一款在原有的"一件事一次办"小程序基础上优化而成的超级服务端，汇聚了七大类特色应用场景、53类电子证照以及全省50个省直单位、14个地市州及湘江新区超过5000

项的政务与生活服务项目，常见的服务功能如，查询社保、公积金；使用电子身份证、电子驾驶证、电子行驶证、电子户口本、电子护照、电子港澳台通行证；缴纳社保、水费、电费、话费、党费等。可以说，"湘易办"超级移动端是湖南省全省统一的企业、群众、公务人员"掌上办事"的总入口。

中国建设银行作为"湘易办"超级移动端的唯一金融合作单位，"嵌入"了自身提供的银行业务应用场景，比如，"便民缴费"栏目中设置了"城乡居民社保缴费""灵活就业缴费""党费"等缴费场景；在"金融e站"（银行业务指尖办）服务专区中，区分了个人银行服务和企业银行服务，提供了网点服务、信贷融资、数字人民币、跨境金融、便民服务、资讯服务等银行服务链接，基本上可以满足个人和企业客户的存款结算、贷款申请、生活缴费等各种金融需求，特别是中国建设银行作为我国最大的住房金融供应银行，"金融e站"专设了"住房金融"建行链接。可以想见，"湘易办"超级移动端将成为中国建设银行"入主"湖南城乡社区金融的绝佳线上平台。

中小银行在普惠领域"背水一战"

普惠金融从概念提出到落地实施，再到监管政策的考核监督，国有大行与中小银行在监管政策的引导下，近年来在普惠金融领域展开了"遭遇战"。国有大行主动下沉服务重心，利用资金成本低、网点布局广、风险控制能力强等优势，先是"掐尖"原本属于中小银行的优质中小微客户，后在"首贷户"等监管指标引导下，利用大数据、网络技术、人工智能等优势，创新产品与服务，继续深挖普惠金融领域，实现"首贷户"与普惠金融余额双增长，起到了金融机构普惠金融"领头雁"的作用。

随着信息技术、大数据及其应用的不断发展，国有大行在业务下沉服务中信息不对称的问题得到了较好的解决，为金融服务继续下沉带来了便利。

国有大行服务下沉，给中小微企业、低收入群体在贷款渠道拓宽、贷款成本降低、贷款获得感增强等方面带来实惠。但与此同时，这些原本属于中小银行的业务领域与客户资源遭到国有大行的"挤压"和"侵噬"，中小银行普遍面临优质客户流失、获客难度增大等问题，发展压力越来越大。

中小银行在普惠领域"退无可退"。按照普惠金融的认定标准，中小银行提供的绝大多数贷款其实就是"天然"的普惠贷款，在国有大行业务与服务持续下沉的进程中，中小银行的普惠金融业务遭受了巨大的压力，不但流失了优质的普惠贷款资源，挤压了利润空间，而且与之相关联的个人开卡、存款结算、信用卡、理财等零售业务也会随贷款一并流失，进一步动摇中小银行的客群基础。

守住社区就是守护"生命线"。中小银行的业务优势领域在社区。多数中小银行成立于地方，并且大都是在支持地方经济发展中逐渐成长。中小银行多数是法人银行，金融服务的领域基本上是城乡社区，并且具有一定的比较优势：一是地缘熟，如熟悉本土的地理环境、风土习俗等；二是人缘亲，如一直耕耘在城乡社区，形成熟人圈子；三是业务专，如对社区人员和中小微企业比较熟悉，也相对了解他们的金融需求与风险偏好。加上中小银行信贷决策链条短、市场反应速度快、业务审批效率高，具有一定的竞争优势。

立足社区方能立于不败之地。社区是中小银行基础客群的主要来源，是各项业务发展的"底盘"，中小银行立足社区、扎根社区，紧跟国家对社区建设的支持步伐，与社区同发展，共成长，是应对国有大行服务下沉的正确举措。

第三章
社区网格化营销开启银行业务营销新模式

第一节　从市场营销角度看银行与社区的关系

偶发性的互动

　　一般而言，常住人口较多的社区往往是银行物理网点的理想选址。但是，据笔者调研，即便是开设在社区门口的银行，也很少与社区有较为密切的接触，相互之间偶发性的互动是常见的形态。比如，银行网点需要在社区开展市场营销活动或产品与服务宣传活动时，有时候会找社区"帮忙"；而社区在开展社区活动面临缺人少经费时，有时候也会找社区辖内的银行"化缘"。造成这种局面的原因主要是双方间缺乏了解：银行只知道社区是自治组织，没有行政管理权限，但不知道社区公信力对银行市场营销的作用；社区只看到了辖区内银行网点外表的"高大上"，但没有看到银行市场营销需要寻找适合开展活动的平台和足够的参与客群。银行与社区的相互不了解，演变成了互动的偶发性而非经常性。

相互忽略对方的存在

　　银行的市场营销活动是需要经常性开展的，但银行市场营销要么"忽略"社区的存在，直接在社区内开展如扫楼行动、扫街营销等活动，要么对网点周边的社区"视而不见"，舍近求远开展营销活动。究其原因还是在于，银行认为社区是社区居民的自治组织，没有行政管理权限，基于此，银行在社区的市场营销活动，有意或无意"绕过"了社区这个城市最基层的管理单元。

社区为履行社会管理职能，经常性组织社区活动。其实，一些涉及金融、经济内容的社区活动，如果有银行的参与，活动效果会更好。比如，反电信诈骗、反非法集资、反洗钱等社区宣传活动，银行表现更为专业，而对这一点，社区经常是忽略的。

相互忽略是银行与社区相互不了解的结果，相互忽略使银行与社区做不到优势互补，达不到相互促进、共同发展的目标。

银行市场营销需要社区支持

在同业竞争日趋激烈的当下，银行走出舒适的柜台、走进市场开展营销活动早已日渐常态化。但银行市场营销很多时候依然在走"偏门"：习惯于通过亲戚、朋友、同学等各种关系"牵线搭桥"，在这种"关系"背景下的市场营销，通常呈"单点"状态，营销活动并不连贯，并且，舍近求远的市场营销，效果通常不太好。

银行为什么对网点周边近在咫尺的社区"视而不见"呢？究其原因主要有两个。

其一，认知有偏差。没有从银行的视角完整审视社区，也没有认识到社区对银行开展市场营销的重要性。比如，客群是银行各项业务发展的基础，是银行市场营销必不可少的营销目标，也是银行市场营销的难点。如果银行市场营销把社区当作一个整体，那么社区庞大的人口基数就是市场营销确定的客群目标，只要银行有下沉服务、深耕社区的决心与信心，客群难点问题就会迎刃而解。

其二，认知有误区。社区是社区居民的自治组织，没有行政管理权限，但解行也没有认知到社区公信力对银行市场营销具有很强的助推作用。比如，我国的城市小区（社区称之为网格或网格小区）多数是封闭、半封闭的：有智能的门禁系统，有物业管理、保安值守等安保管理措施，这对于银行开展市场营销活动是不小的障碍。为了进入这些封闭、半封闭小区，银行需要协调沟通各种关系，费时费力。但是，如果通过社区的协调，尽管社区只是社区居民的自治组织，但其公信力也能帮助银行的市场营销活动低成本地进入网格小区。

社区在银行市场营销中的作用非常大。一是社区人口多。少则数千人，多则几万人甚至十几万人，加上围绕社区"衣、食、住、行、玩"等数量较多的中小微企业，这些都是银行基础客群的主要来源；二是社区活动多。银行通过"嵌入"式或者"搭便车"式的市场营销活动，省时省力效果好；三是社区有公信力支撑。社区虽然没有管辖权限，但公信力足够支撑银行的市场营销活动，并增强银行营销活动的效果。

社区建设需要银行共建

社区是社会治理的最小单元，是连着千家万户的幸福共同体，也是提升群众满意度、幸福感和安全感的重要载体。在推进社区建设的进程中，由于存在金融服务功能短板，社区亟须与银行共建。

一是建立金融安全社区。银行发挥专业优势，在反电信诈骗、反民间非法集资、反洗钱等金融领域，加强对社区居民的培训教育，强化金融风险意识，提高抗风险能力，在社区居民中建立金融风险屏障，打造金融安全社区。

二是普及金融知识。在社区居民中普及个人银行业务知识，如人民币真假识别、银行卡开卡与密码保管、定期存款种类与利率比较、存款利息计算方式、理财产品的选择、手机银行的下载使用、个人贷款品种与选择、信用卡知识等，让社区居民通晓基本的金融知识，保值增值家庭财富；在社区中小微企业中宣讲企业征信的重要性、贷款品种与分类要求、普惠金融、结算收单业务等，让中小微企业懂得支付结算及贷款品种选择与申请等知识。

三是完善金融服务功能。银行通过与社区共建，将银行网点服务功能延伸到社区。除现金业务外，大部分银行柜台业务都可以延伸到社区办理，如银行卡开卡、手机银行下载使用、理财产品的选购、信用卡及个人贷款资料收集等，让社区居民足不出社区也能享受到金融服务的便利。对于社区中小微企业，银行提供上门收集信贷资料、开户结算、收单业务等服务，为中小微企业提供全程便捷的金融服务。

银行作为金融机构，在金融领域有着专业的优势。在社区建设进程中，社区与银行携手共建，对社区建设可起到积极的促进作用。

从市场营销的角度看，银行与社区目前基本还处于合作"空白"的状况。其实，从未来发展的趋势来看，服务不断下沉的银行与社会职能不断增加的社区之间的关系，不应该仅仅是简单的客户关系，而应该是一个可以相互支持、共同发展的关系。而构建这种新型关系，需要银行与社区在"社区共建"的大目标下双向走近，携手共进。

第二节　社区网格化营销模式产生的背景

社区网格化营销模式是以社区为中心，以社区活动为切入点，着眼于银行与社区、银行业务与社区事务深度融合发展的一种新型营销模式。区别于传统营销模式，社区网格化营销模式立足社区、深耕社区，与社区深度融合发展，既是中小银行应对国有大行服务下沉的正确举措，也是中小银行夯实基础客群和回归本源的迫切需要，更是特色化经营的路径选择。

国有大行服务下沉的应对策略

近些年来，在国家大力推动和监管政策持续引导下，国有大行下沉服务重心，在普惠金融领域持续发力，取得了前所未有的成绩。与此同时，中小银行普遍感受到来自国有大行服务下沉带来的巨大压力，不但优质客户被"掐尖"，挤压了利润空间，而且随着普惠金融的推进，零售客群和中小微客户也大量流失，动摇了中小银行的发展根基。

国有大行服务下沉的"利器"主要是普惠贷款利率低、网点覆盖率高、产品创新速度快、风险控制能力强等优势，依托这些优势，国有大行在以往未曾关注或很少涉及的中小微企业信贷领域"大行其道"，在城乡社区"攻城掠地"。中小银行与国有大行在普惠金融领域的竞争以及竞争带来的压力，让中小银行重新思考自身市场定位和经营对策。

国有大行还利用金融科技的优势，推动手机银行、网上银行、远程银行等线上业务与服务下沉。尤其是伴随移动互联网的发展，银行不断升级迭代手机银行的服务功能，手机银行作为服务客户的主渠道，已经成为一种综合化的"金融+场景"的服务平台，覆盖了线上的存款、贷款、支付、理财、基金、保险、债券、三方存管、贵金属等除现金外的金融业务，以及征信查询、生活缴费、餐饮消费、购物消费、医疗、财经资讯、健康养生、跨境服务等非金融服务，在银行业务离柜率目前已超90%的大背景下，手机银行成为人们手中"移动的银行"，也成为银行获客、活客、黏客的必不可少的工具。国有大行利用手机银行等线上平台优势，不断"掐尖"金融交易比较"活跃"的客户，加大了中小银行的获客、留客难度。

社区网格化营销模式是以社区为中心的营销模式，换句话说，社区网格化营销模式是围绕社区居民和社区内中小微企业开展业务营销，通过高频的社区活动深度挖掘银行业务营销机会。中小银行开展社区网格化营销模式，在国有大行服务下沉压力之下主动求变的应对策略。

夯实基础客群的内在动力

基础客群是银行的核心竞争力。基础客群是银行各项业务发展的基础，高度关联存款、贷款、利润的增长以及金融产品与服务的销售，关乎银行的外在服务形象与品牌影响力，也决定了银行的发展后劲，是银行的核心竞争力，可以预见，优质基础客群的竞争，将成为银行业未来的核心竞争之一。以国有大行为例。2022年末六大行的个人客群均在6亿户以上，其中，农行（8.62亿）、建行（7.39亿）、工行（7.2

亿）个人客户数量分列前三位，个人客户规模增长空间已接近上限，基于此，国有大行更注重于深度挖掘存量客户的贡献度，提升基础客户的黏性。

中小银行基础客群薄弱。相对于国有大行，中小银行成立的时间较短，产品与服务知名度较低，品牌影响力较弱，客群基础薄弱是不争的事实。基础客群薄弱，拖累各项业务良性发展，影响利润的增长，抑制科技投入及科技创新能力的提高，降低银行抗风险能力，成为中小银行亟须解决的核心问题。

社区是基础客群的"聚集地"。社区是社区居民的生活场所，常住人口通常有几千人、几万人甚至十几万人，围绕社区"衣、食、住、行、玩"生活场景，还有大量的中小微企业和就业人口，从这个角度讲，社区是个不折不扣的人口"聚集地"。

社区也是中小银行夯实基础客群的"根据地"。近年来，中小银行在发展过程中，暴露出了公司治理能力偏下、资产质量下行、盈利能力不足、资产负债管理能力不够以及数字科技投入不足等诸多问题。分析深层次的原因，基础客群薄弱是出现这些问题的根本原因，所以，夯实基础客群应该成为中小银行首要和核心的任务。社区是社区居民的聚居地，是银行基础客群的主要来源，必定成为中小银行市场营销的重点。

中小银行亟须夯实基础客群。多数中小银行已经深刻认识到了基础客群薄弱的严重性，也下定决心促进基础客群的稳步增长，然而，苦于品牌形象、信用背景、金融科技等方面，与国有大行有明显的差距，基础客群的增长一直是个难题。而社区庞大的人口基数，成为中小银行夯实基础客群的内生动力。

回归本源的迫切需要

中小银行中大多数是城市商业银行与农村商业银行，在20世纪90年代成立之初，肩负起"服务地方经济、服务小微企业、服务城乡居民"的市场定位，但是，受外部经济环境变化和同业同质化竞争的影响，以及在规模制胜、跨越式大发展等思维的推动下，中小银行曾经经历了域外地域扩张、同业业务扩张等粗犷生长的阶段。从2016年开始，监管部门开启了"强监管"时代，禁止区域性中小银行域外扩张经营机构，严厉打击"影子银行"等经营管理中的违规行为，引导中小银行逐步回归本源。同时，监管政策也在持续引导国有大行与中小银行开展普惠金融竞争，国有大行主动下沉服务重心，利用资金成本、国家信用背景、科技赋能等优势，"掐尖"原本属于中小银行的优质中小微客户以及与此相关联的零售客群，给中小银行的经营带来了巨大的压力。

回归本源就是中小银行要回归地方、回归中小微、回归社区，这是中小银行应对国有大行下沉竞争的应对策略。正本清源，中小银行本来成长于地方，服务于中小微，有着"地缘、人缘"的先天优势，还可以发挥决策链条短、响应速度快的经营优势，避开了与国有大行在大项目、大客户、大投入等方面的竞争短板与劣势。回归本源，可以让中小银行获得更多的竞争优势。

其一，抓稳社区"底盘"。社区是区域性中小银行成长的地方，按照美国对社区银行划分标准，我国这些区域性的中小银行大部分可以称为社区银行，意为社区金融服务，所以从这个意义上讲，社区是中小银行的"底盘"。中小银行回归社区，就是依赖以业务资源丰富的社区为基础，扎根社区、做透社区。

其二，夯实客群基础。基础客群薄弱已经成为中小银行发展的"瓶颈"，拖累各项业务的良性增长，影响核心竞争力的提升。社区庞大的人口基数，是中小银行基础客群的重要来源。中小银行回归社区，首要任务就是推进社区网格化营销活动，通过合适的产品与优质的服务，逐步培养社区庞大的人口成为中小银行的基础客群。

其三，做实普惠金融。我国普惠金融重点服务对象是中小微企业、城镇低收入人群和残疾人、老年人等特殊群体，而这些目标群体主要分布在我国城乡社区。中小银行回归社区，可以发挥"地缘、人缘"优势，更近、更直观地开展普惠金融服务，抵消国有大行下沉服务带来的冲击。

其四，服务"银发一族"。根据全国第七次人口普查结果，2020年，我国60岁及以上人口为26402万人，占18.70%（其中，65岁及以上人口为19064万人，占13.50%），60岁及以上人口的比重较2010年上升5.44个百分点，预计到"十四五"末全国老年人口将破3亿，人口老龄化程度呈现进一步加深的趋势。在城市社区，已经出现了一些老年人聚居的网格小区，比如一些单位院落、国有大中企业等自成体系的小区，人口老龄化程度较高。针对人口结构的趋势变化，银行也在设计产品与服务，发力"银发经济"。中小银行回归社区，服务"银发一族"，将成为新的业务增长点。

比如平安银行在服务"银发一族"领域动作频频。平安银行把老年客群作为"三年再造一个新零售"目标的八大重点客群之一，针对老年人健康养老、资金理财等多重需求，同时推出线下线上服务举措。线下方面，平安银行在深圳试水智慧养老颐年卡，在上海、成都等地试点专业服务老年客户的门店——颐年门店；在线上，平安银行在口袋银行App推出了"颐年专区"，集中展示存款、理财、保障规划等老年群体常用的金融服务。除此之外，平安银行还上线了养生健康频道，提供健康资讯和养生直播等丰富的资讯，满足老年客群健康养生的需求。一个特别之处是，平安口袋银行App全新升级上线大字版，配合存折、流水回单、线上智能客服咨询等大字版设计，覆盖了老年客群的全金融服务渠道。

社区网格化营销模式立足社区、深耕社区，是中小银行回归本源的支撑。中小银行回归本源，通过社区网格化营销模式，在夯实基础客群、发力普惠金融、提高经营效益、降低经营风险等方面，提升中小银行综合经营管理水平和竞争能力。

特色化经营的路径选择

银行的产品与服务高度同质化，是当下银行业的真实写照。在国有大行服务持续下沉的大背景下，产品与服务高度同质化的中小银行压力越来越大。在同样的市场，面对同样的客群，使用相似的方式"拼"市场，中小银行的经营之路只会越走越窄。如何在同质化的竞争环境中，走出一条适合自身发展的新路径，是中小银行面对竞争压力的现实选择。

一些特色化的银行经营模式，值得中小银行借鉴。

招商银行早在2004年，率先在业内提出将发展零售银行业务作为战略重点，通过三次零售转型，成为上市银行中唯一一家明确零售战略主体地位的银行，成就了"零售之王"的美名。根据年报显示，招商银行2022年零售业务营业收入金额为1914.22亿元，占营业收入总比重为

55.52%，2022年零售业务税前利润达941.78亿元，税前利润总额突破57%，零售业务营收与利润占比均超50%，零售业务业绩突出。

小微金融业务风险相对较大，因而小微专营银行数量不多，其中小微金融"台州模式"颇具特色。中小银行台州银行、泰隆银行、民泰银行及其发起成立的村镇银行是小微金融台州模式的代表。自从成立之日起，他们就专注于小微金融，针对个体工商户和小微企业有效资产缺少、财务报表不全等特点，台州模式采取了"入户调查、眼见为实、自编报表、交叉检验"的人工风控技术，实践中形成了"三品三表""三看三不看"信贷风控模式，截至2022年末，台州的小微企业贷款余额达到6407.7亿元，占所有贷款比重46.6%，高出全国平均20个百分点。他们的模式不仅在民营经济较为发达的台州本地取得了成功，而且还在江西、重庆等外省市的欠发达县域也被实践证明是成功的，在小微金融市场打造出了业内叫得响的台州模式。

2019年银保监会发布《关于推动银行业和保险业高质量发展的指导意见》（银保发【2019】52号），明确了中小银行"服务地方经济、小微企业和城乡居民"的市场定位。在国有大行服务下沉、同业竞争加剧的情况下，以社区为中心开展社区网格化营销是中小银行的特色化路径选择。

其一，营销社区化。尽管社区是我国城市管理中最基层的管理单位，但由于社区只是社区居民的自治组织，没有行政管理权限，所以一直以来，银行的市场营销活动基本上"忽略"了社区的存在，有意无意地"绕过"社区，银社合作关系实际上是一片空白，也正是因为缺乏社区的支持，银行在社区开展的市场营销活动的效果达不到预期。社区网格化营销以社区为中心，突出社区的公信力与社区网格化管理信息平台的作用，在拆除网格"篱笆"、搭建活动平台、增强活动效果等方面起到无可替代的作用。围绕社区、扎根社区开展营销活动，是社区网格化营销的显著特征。

其二，活动公益化。社区为实现其社会治理的众多职能，社区活动是必不可少的方式。社区网格化营销在社区活动中"嵌入"银行市场营销活动，省去了与活动各方协调沟通的时间与搭建活动平台的费用，并且由于社区活动频度高，"搭便车"式的银行市场营销活动可以高频度地举行。特别是中小银行通过慰问社区弱势群体、普及金融知识、构建金融安全屏障等方式积极参与社区公益活动，形成"小众高频、感受直观"的公益性特征，必将提升银行的服务形象，增强鲜明的特色化公益效果。

其三，关系新型化。社区网格化营销着眼于银行与社区、银行业务与社区事务的深度融合发展。不同于以往"蜻蜓点水"式地开展社区营销活动，社区网格化营销是银行深度下沉社区，把银行业务与社区事务深度融合，实现银行和社区相互促进、共同发展的目标。所以，银行与社区的关系不同于以往相互忽略、合作空白的关系，而应该是相互促进、共同发展的新型关系。

第三节　社区网格化营销是银行营销渠道的创新

银行市场营销进入多渠道阶段

市场营销理论中一直有"渠道为王"的说法。随着同业竞争的加剧和金融科技的广泛运用，银行的营销渠道进入多渠道阶段。

（1）营业网点。银行一直以来都是把营业网点作为营销的主渠道。无论是高柜、低柜还是目前的智能化厅堂，营业网点是银行获客、业务营销的主阵地，因此，营业网点位置的重要性就不言而喻了，我们看到在城市街区的人流量较大、位置显眼的地方，银行扎堆开设营业网点，就不难理解其中的原因了。

（2）市场营销。从"等客上门"到主动上门服务，既是同业竞争的应对措施，也是自身发展的必然选择；既是一种营销手段，也是引导银行从舒适的办公室走进鲜活市场的一条路径。

（3）线上渠道。随着数字化、信息化时代的到来，信息技术已越来越融入银行的运行模式当中，网上银行、手机银行、远程银行等线上渠道满足人们足不出户就能办理银行业务的需求，大大提升客户体验感。

银行的这三种营销渠道不是相互孤立,而是相互交叉相互支持的。营业网点作为传统的线下渠道,尽管近些年互联网技术的广泛应用导致线上渠道迅速分流了网点客群和柜台业务,但营业网点的作用仍然无可替代。第七次全国人口普查结果表明,我国已进入了老龄化社会,营业网点作为老年人业务办理的主通道,仍然还有存在甚至加强的必要。线上渠道将以其方便、快捷的服务成为银行未来的主营销渠道,不管是线上还是线下渠道,市场营销作为同业竞争的产物,可以在线下或线上交叉进行、相互支撑,取得营销效益的最大化。

社区网格化营销是贴近市场的营销渠道创新

（1）把社区当作一个整体。由于社区只是居民的自治组织,既不是行政机关,也不没有事业编制,而只有服务职能,没有行政管理权限。基于这个原因,在以往的市场营销中,银行往往"绕开"社区,直接开展社区内的营销活动。而社区网格化营销则不一样,正视社区作为我国城市的最基层管理单元的作用,把社区当作一个整体开展市场营销。如果说"绕开"社区开展的营销是"纵向"营销的话,那么社区网格化营销就是"横向"营销——这样阐释可能更形象。

（2）改单一产品营销模式为多产品的综合营销模式。为满足人们多层次、多元化的金融服务需求,银行提供了多元化的金融产品,为推广金融产品,银行设置了多个部门或条线,统筹各个产品的市场营销,营销岗位也相应地设置了公司客户经理、零售客户经理、理财经理、信用卡专员、分期专员等,因而市场营销很大程度上是单一金融产品的营销。

而社区网格化营销则是把社区当作一个整体的综合性营销模式，社区内不同人群、不同经济组织多样化的金融需求，能够满足银行的零售业务、小微业务以及公司业务的营销与发展，从这个角度讲，银行在社区内开展的市场营销是多产品的综合性营销模式。

（3）网格化推进"不留余地"。银行开展以外拓为主的市场营销，往往会遇到一些困难，主要是目标客群、场地、成本、效果等的不确定性，直接影响市场营销的连续性和业绩的提升。而社区网格化营销根植社区，营销以网格化推进方式进行，即在社区公信力的加持下，银行营销在社区内的各个网格内持续开展，实现营销目标全覆盖，营销效果更好。

社区网格化营销意在扎根社区，与社区相互支持、共同发展，营销渠道畅通，营销活动具有连续性；同时，社区网格化营销由于贴近市场、贴近居民，更具有客户吸引力和品牌影响力。

中小银行更需要下沉式市场营销

中小银行本来就"先天不足"。在客群基础、盈利能力、资产质量、风险控制、公司治理、科技投入等多方面存在严重不足，业务发展受到很大的制约。在国有大行推动业务营销持续下沉的大背景下，中小银行更应该以"下沉"对付"下沉"，利用"地缘、人缘"的本地优势和决策链条短、响应速度快的经营优势深耕社区，才能在中小微企业和长尾客户的市场竞争中，与国有大行"分庭抗礼"，在同业竞争中立于不败之地。

社区网格化营销模式推动中小银行下沉社区，在社区人口"富集地"夯实基础客群,在围绕社区"衣、食、住、行、玩"生活圈的中小微企业中开展普惠金融业务,在网格化推进的社区活动中提升服务形象。通过下沉社区、深耕社区,中小银行促进各项业务的发展,提高综合竞争能力。

第四节 社区网格化营销模式的"四个特征"

社区网格化营销模式是以社区为中心，以社区活动为切入点，着眼于银行网点与社区、银行业务与社区事务深度融合发展的一种新型营销模式。区别于传统的银行市场营销模式，社区网格化营销模式具有四个显著特征。

扎根社区

社区网格化营销模式着眼于社区，以社区为业务营销的"落脚点"。这个特点与传统营销模式有很大的不同：

其一，专注点不一样。传统营销模式基本上是"满街走市场"，或者"哪儿有热点就往哪儿跑"，没有较为固定的市场。这种情况在城区支行经常发生，我们发现在城市，特别是大中城市，往往有十多家或几十家银行展开同业竞争，同一家银行也会在该城区布局多家下辖支行或网点。由于没有相对固定的市场，即便是同一家银行的下辖支行或网点，也会因抢占市场或客户而"内卷"，比如下辖几个支行"围猎"同一个目标客户，业绩考核之下互不相让，不得不由他们共同的管辖行当"判官"，这种情况在城区支行中屡见不鲜。但社区网格化营销模式不一样，由于每个支行或网点有相对固定的社区市场，有较为清晰的营销"边界"，"内卷"的情况较少发生。

其二，专注度不一样。与传统营销模式下"打一枪换一个地方"不一样的是，社区网格化营销模式专注于若干个社区，深耕社区金融。如果说传统营销模式是"散点"营销的话，那么社区网格化营销模式则是"成片"的。

社区不是行政机关，没有行政管理职能，基于这个原因，银行的市场营销往往"忽略"了社区的存在，从而把社区内的营销目标分散化，在社区内开展的营销往往是"碎片化"营销。而社区网格化营销则是把社区视为一个整体，有利于银行有序推进社区营销活动。

高频活动

所谓市场营销，就是银行向市场客户推销金融产品与服务的行为。社区网格化营销模式以社区活动为切入点，有三个优势：

其一，活动高频。社区承担的行政管理职能和社会事务非常多，为履职需要举办的各种社区活动也很多。银行开展的社区网格化营销是以社区活动为载体，可以获得高频的业务营销活动机会。

其二，省时省力。银行可以借助社区举办活动的平台，通过主动承办或协办社区活动的方式，在社区活动中"嵌入"银行业务营销活动，避免了寻找目标客户、协调多方关系、搭建活动平台等费时费力的事项，既支持了社区活动，又达成了业务营销的目的，可谓一举两得。

其三，活动效果好。社区活动以社区公信力作为基础，银行通过社区开展业务营销活动，社区居民易于接受。特别是开展慰问弱势群体、普及金融知识、建立社区安全屏障等社区公益活动，不仅可以提升银行服务形象，而且必定获得社区及社区居民的认可和支持。

网格化推进

为了提高社区管理与服务的精细化程度，社区网格化管理是将所管辖的区域一般按照地理位置、人口分布、社会组织、功能需求等规则划分成了若干个网格，其中以住宅小区、单位院落、专业市场等直接划分为网格的方式更为常见。

社区网格化管理的这个特点，有利于银行开展业务营销时，可以针对性地制订营销方案，推介合适的金融产品与服务，有的放矢，效果更佳。比如在老年人比较多的社区网格，可以以老年健康讲座为平台，适宜开展存款、理财等业务营销；在农贸市场、服装市场等市场型网格，可以宣讲反电信诈骗、反民间非法集资知识，适宜推荐小微信贷、信用卡、开户、存款结算等产品。

一个社区包含了若干个网格，适合银行以社区网格为"阵地"，以合适的产品与服务，步步为营网格化推进业务营销活动，形成特色化的社区网格化营销模式。

深度融合

社区网格化营销模式是扎根社区、服务社区与社区居民的营销模式，这种以"客户为中心"的模式注重把银行业务与社区事务深度融合，实现银行和社区相互促进、共同发展的目标。深度融合主要体现在以下几个方面：

（1）银社党建共联。银行与社区通过党建共联，建立常态化沟通机制，加强对社区活动、社区服务、社区安全、社区发展等方面的沟通与协调，发挥党建引领作用，指导社区活动与社区网格化营销活动。

（2）金融服务延伸。为弥补社区金融服务功能的不足，银行把金融服务从网点柜台延伸到社区，并在社区的支持下，银行下沉服务，走进社区开展金融服务活动，让社区居民"足不出社区"就能享受到便利的金融服务。

（3）共建安全社区。银行发挥金融专业领域的优势，线上线下常态化在社区居民中普及金融知识，提供反电信诈骗、反民间非法集资、反洗钱、人民币真假识别、个人/企业征信等金融风险知识培训，在社区构建金融风险屏障，共同建立金融安全社区。

（4）支持社区活动。银行积极支持、参与社区活动，包括慰问社区弱势群体、社区志愿者行动等公益活动，特别是发挥金融专业优势，常态化开展"金融知识进万家"等普及金融知识的社区活动。

（5）增进互帮互信。银行与社区致力于深度融合发展的目标，在此基础上，银行与社区在开展社区活动、银行市场营销、普及金融知识、构建安全社区等多个方面互帮互信，银行把社区当作服务下沉的"落脚点"，社区与社区居民则把服务社区的银行当作首选银行。

第五节　社区网格化营销模式的"四个优点"

社区网格化营销模式，就是银行立足社区、深耕社区，与社区深度融合发展的营销模式，有利于银行与社区优势互补、共同发展。其优势在于：

社区公信力保障

社区网格化营销是以社区为中心，以社区活动为切入点开展银行业务营销，借助社区的公信力支持，营销活动更容易被社区居民接受，活动效果更好。

社区虽然没有被定位为行政机关，也没有行政管理权限，但是社区的自治组织属性赋予了社区的公共服务与管理的职能，成了社区公信力的来源。

社区公信力可以在多个方面助力银行的市场营销活动。一是营销活动准入。主要是社区为银行市场营销活动"拆除"网格小区的准入"篱笆"，省去了协调沟通、场地租赁之类的繁杂事务；二是搭建活动平台。开放社区内的网格小区、社区中心广场、社区办公场所等社区公共区域，成为银行开展市场营销活动的物理平台，并且，在社区活动中"嵌入"式开展市场营销活动，更加省时省力；三是加入小区网格微信群。可方便银行工作人员线上普及金融知识、线上开展营销活动以及接受线上咨询等，还能为线下开展营销活动提前预热；四是提高社区居民的活动参与度。对于社区同意或推荐的营销活动，社区居民认可度高，参与热情也高。

目标客群明确

每个社区管辖的群体主要包括常住人口和流动人口，客群数量很大，这些客群不论是公务员、事业编制人员、企业人员、个体工商户或灵活就业人员，在社区都可以称之为社区居民，社区还有各类专业市场和众多的中小微企业及个体工商户，这些都是吸纳、稳定城市就业人口的主力军。社区网格化营销模式之下，社区庞大的人口基数，成为银行市场营销确定的目标客户。并且，由于居住在同一个社区、小区或网格内的居民大多数相互熟悉，处于同一个专业市场的小微经济体也彼此熟知，所以银行在社区内开展的市场营销往往会具有"羊群效应"，活动将更加有成效。

与传统营销模式"满市场找客户"相比，社区网格化营销模式下的目标客群明确且稳定，适合开展线上线下的营销活动，也适合营销活动的网格化推进。

活动有持续性

社区在履行公共服务职能中，需要开展社区活动，并且，社区组织的社区活动比较多，比如组织传统节日庆典活动，开展应急维稳、安全防范的宣传教育活动等。银行可借力社区活动，省去了搭建平台、协调沟通等费时费力的工作，跟随社区活动"链接"银行的市场营销活动，既能省时省力，也能持续开展业务营销活动。

与传统营销"打一枪换一个地方"的方式相比，社区网格化营销模式下的银行市场营销活动能够持续开展，带给社区居民更加可信的体验感。

信息渠道畅通

社区网格化管理就是把某一区域的人、地、物、事、组织等基本要素都纳入网格中，配备专职网格员进行精细化管理。社区网格化管理以信息化建设为基础，依托信息技术平台，使管理对象信息化、数字化和数据化，以此保障准确地收集社区居民和事件信息，并及时分类处理。

对于银行市场营销而言，社区网格化管理的信息化、数字化和数据化特征，可以在营销活动开始前，帮助银行了解目标客群的产品偏好、习惯习俗等，使银行营销活动做到有的放矢，有利于银行在客户分类的基础上，做好产品遴选、服务配套、后续跟进等方面的准备工作，保障银行营销活动的良好成效。

社区网格化营销模式是着眼于银行与社区、银行业务与社区事务深度融合发展的一种新型营销模式。银行营销的目标市场和目标客群明确，使银行市场营销活动有了客群基础；社区的支持，使银行市场营销活动更加省时省力；社区活动的连续开展，使银行营销活动具有了连续性开展的可能性；社区网格化信息平台的信息化、数字化和数据化功能，使银行的市场营销活动更加精准有效。

第四章

末端营销：社区网格化营销模式"发力点"

第一节　末端营销概念的提出

末端营销是与源头营销相对应的营销模式，是指在城市管理的末端，或者是在客群形态的末端开展的营销活动。末端营销是银行产品与服务高度同质化之下，中小银行的特色化营销理念，是应对国有大行服务下沉的应对策略。末端营销概念的提出，对于中小银行立足社区开展社区网格化营销具有理论上和实践操作上的指导作用。

银行市场营销的窘境

客群是银行业务发展的基础。城市人口众多，但银行外拓营销常常"草色遥看近却无"，缺乏良好的、可持续的获客手段和方法。特别是中小银行及其下辖新设支行网点，由于成立时间普遍较短，品牌影响力与国有大行相距较远，产品与服务的美誉度和居民接受度还不高，在产品与服务、市场营销方式高度同质化的情况下，获客的难度更大。

其一，源头获客难。代收代付业务营销是源头获客的主要手段，在同业竞争之下，行政事业单位、大中企业等客群已经进入了"存量博弈"阶段，对于成立时间普遍较短的中小银行而言，源头获客难成为基础客群快速增长的"拦路虎"。

其二，厅堂获客难。银行的营业网点厅堂本应该是银行获客的主渠道，但近年来，随着网上银行、手机银行、远程银行的普及以及智能设备的应用，到营业网点的客户越来越少了，特别是中小银行，这种情况更加突出，不利于银行产品与服务的营销推广。

其三，批量获客难。由于资金实力、品牌形象、科技投入等方面与国有大行有不小的差距，中小银行在消费场景、支付场景等批量业务营销竞争中处于下风，批量获客能力不足。

其四，营销成本高。银行开展市场营销或举办营销活动，需要有人数足够的客群和较好的活动场所，但组织一场营销活动，营销成本也是需要考虑的问题。特别是组织一场较大的外拓营销活动，需要协调或租赁场地，沟通物业、保安或管理单位等，费时费力，工作量比较大，成本也比较高，这些成本主要包括租赁场地、搭建活动平台、营销配套物料以及其他成本开支，如果营销成果落地效果差或者业绩转化率低，那么这场营销活动实际上是"赔本赚吆喝"，收益覆盖不了成本，注定是亏损的。

其五，营销无连续性。由于缺乏明确的营销目标，缺乏持续深耕的基础，营销活动经常"饥一顿饱一顿"，与其说市场营销是"哪里有需要，哪里就是市场"，不如说就是"吃了上顿愁下顿"，市场营销活动缺乏连续性，导致营销效果比较差。

以个人房地产抵押贷款产品为例，因为产品是抵押类的，所以目标市场主要是城市各个住宅小区（社区一般称之为网格小区），而要进入这些网格小区宣传产品或开展营销活动并不是一件"分分钟就能搞定"的事情，仅协调物业或业主委员会就不容易，何况后面还有协调场地、安保措施、营销物料配置等工作量也较大。搞一场活动尚且如此，多场活动就更加费时费力了，所以连续性开展营销活动的难度大。

市场营销是银行的核心竞争力之一。在数字化、智能化越来越强的市场格局下，市场营销竞争的领域、手段、方式、目标等发生了较大的变化，传统营销模式存在的"痛点"，不可避免地成为制约中小银行发展的障碍。

社区网格化营销的末端在社区

社区具备中小银行开展市场营销活动所必备的场景。一是有足够多的客户群体。成功的市场营销活动必定要有较多的客户参与，否则一切都是无效的。社区常住人口和流动人口众多，少则数千人，多则几万人甚至十几万人，加上围绕社区"衣、食、住、行、玩"等数量较多的中小微企业，这些都是银行市场营销活动客群的主要来源，庞大的社区人口基数可以满足银行任何主题的市场营销活动需要；二是有活动平台。社区经常性地开展社区活动，活动平台也多，中小银行可以通过"嵌入"式或者"搭便车"式开展银行市场营销活动，省时省力效果好；三是应用场景多。社区本来就是一个大的生活场景，围绕社区"衣、食、住、行、玩"的应用场景也很多，可以满足银行市场营销不同的营销主题、营销方式和客户群体的需要。

社区在银行市场营销活动开展中起到关键的作用。尽管社区没有行政管理权限，无法通过行政命令的方式开展社区活动或协助开展银行市场营销活动，但是，银行开展社区网格化营销与社区开展社区活动的目标基本一致，社区作为社区居民的自治组织，在银行社区网格化营销活动中可以起到关键的作用。

一是拆除网格"篱笆"。社区网格化管理把城市社区划分成了一个个的网格小区，网格小区一般由居民住宅小区、单位院落等组成，每个网格小区基本上"自成体系"：有物业管理，有业主委员会自治，有门禁、安保措施等，对于外来的市场营销来说，进网格小区无异于要跨越一道道的"篱笆"：防外人出入的门禁系统是第一道"篱笆"，与物业或业主委员会沟通进小区开展活动是第二道"篱笆"，成本硬性支出是第三道"篱笆"，活动效果的不确定是第四道"篱笆"……基于这个原因，在社区内开展的市场营销活动一般较少，大部分的市场营销活动是在城市公园、市民广场、商超门口等公共场所举办。

社区网格化营销致力于银行与社区、银行业务与社区事务深度融合发展，必然得到社区的支持。银行在社区内开展的普及金融知识、提升金融安全意识、提高金融风险防范能力以及惠及社区居民的公益活动，也必将得到社区居民的欢迎。社区和社区居民的支持，不但拆除了阻碍社区网格化营销下沉网格小区的"篱笆"，而且可以让银行市场营销活动在各个网格小区有计划地实行网格化推进。

二是搭建活动平台。从市场营销的角度看，搭建活动平台有两层含义，其一，开办活动的切入点或者说举办活动的理由。活动的切入点合不合适，举办的理由充不充分，是市场营销考虑的首要问题，也会直接影响客户的参与度和营销活动的效果。对于近乎封闭的网格小区而言，活动的切入点尤为重要，这也是许多以商品推销为主的营销活动难以进入小区的主要原因；其二，举办活动的地点。这是举办营销活动的物理场所，一般在社区的中心地带，如休闲广场、绿化公园、社区办公场所等地，或者社区内各个网格小区人流量聚集的空旷位置。举办活动的场所是否在中心区域，或者人流量集中的区域，不仅反映主办方对营销活动的态度，同样也会影响营销活动的效果。比如，营销活动安排在社区的办公场所，那就表明社区对这个营销活动是支持的，无形中为营销活动增信。

社区网格化营销以社区活动为切入点，即在社区举办的社区活动中"嵌入"或者"搭便车"式切入银行的市场营销活动，节省了活动准入的沟通时间，节约了搭建活动平台的费用，并且由于社区活动高频，银行的社区网格化营销活动可以连续举行。社区网格化营销将银行网点柜台服务延伸到社区，方便社区居民足不出社区就能享受到便捷的金融服务，营销活动以在社区居民中普及金融知识、提升金融安全意识、提高金融风险防范能力以及惠及社区居民的公益活动等为主要内容，活动的切入点符合社区建设的需要，社区为此愿意为银行的社区网格化营销搭建活动平台。

三是增强活动效果。社区网格化营销的活动准入、活动平台的搭建都离不开社区的支持，同样，社区的支持，可以增强社区网格化营销活动的效果。社区虽然不是行政事业单位，也没有行政管理权限，但是，社区是社区居民的自治组织，社区的公信力可在以下方面增强活动效果。其一，提高居民参与度。社区将活动平台安排在社区办公场所，或者在社区微信群线上公告，减少社区居民对活动动机的疑虑，提高居民的参与热情；其二，提高活动可信度。社区的"认证"让活动具有可信性，减少活动过程中参与者对活动举办单位与活动有效性的质疑。同样，社区网格员的"认证"让活动有了更高的可信度，提升活动的热度与效果。

末端营销的平台就是社区

从营销获客的角度，客户营销可以分为源头获客和末端获客两种方式。源头获客主要是指在客户的工作形态时的获客，比如，在行政事业单位以营销代发工资、营销信用卡等方式的获客，在工商企业以营销代发工资、代缴税费等方式的获客等，网点厅堂的获客也属于源头获客；而末端获客则是在社区生活场景的获客，社区网格化营销模式注重客户形态的末端市场，笔者姑且将在社区开展的社区网格化营销亦称之为"末端营销"。

末端营销是与源头营销相对应的营销模式，是指在城市管理的末端，或者是在客群形态的末端开展的营销活动。从城市管理的末端来看，社区是我国城市管理最基层的管理单元，无疑是市场营销的末端市场。市场营销学中有一个理念叫"打通最后一公里"，指的就是营销末端市场，所以在社区开展的营销活动就是末端营销；从客群形态的末端来看，不论是公务员、事业编制人员，还是企业人员、个体工商户，抑或灵活就业人员，当从"单位人"转变为"社会人"或者"社区人"后，大家在社区都有一个统一的称呼：社区居民，所以社区居民就是客群末端形态的称呼。

无论从城市管理的角度还是从客群形态的角度看,社区就是末端营销的平台。对于成立时间普遍较短的中小银行而言,在社区开展末端营销,可成为自身社区网格化营销模式的"发力点"。

第二节　末端营销概念提出的意义

末端营销概念提出的意义在于：一是划分了源头市场与末端市场。鼓励中小银行转变经营思路，在不放弃源头市场的同时，加强在优势较为明显的社区末端市场开展营销活动；二是区分了"单位人"与"社会人"或者"社区人"。针对不同形态的客户群体运用不同的营销方式，并提供了中小银行基础客群快速增长的营销思路，即在"社区人"集中的社区末端市场，持之以恒开展社区网格化营销活动，是中小银行快速增长基础客群的最佳路径选择；三是强调了社区在末端营销中的关键作用。社区在打通市场营销准入门槛、提供活动平台以及增信营销效果等方面，起着不可替代的作用，可以此坚定中小银行扎根社区开展社区格化营销的决心与信心。

加快经营思路的转变

审视中小银行的发展进程可见，在规模制胜、跨越式大发展等思维的推动下，中小银行曾经经历了域外地域扩张、同业业务扩张等"野蛮"生长的阶段，短期尝到了存贷款规模快速增长的"甜头"，却埋下了资产质量下滑、盈利能力下降、基础客群流失等影响中小银行长期发展的隐患。近年来，在监管部门强监管之下，中小银行逐步收缩扩张战略，回归本源。

中小银行大多数成长于地方，回归本源就是要回归地方、回归中小和回归社区。社区有中小银行亟须补强的庞大的基础客群，有银行市场营销活动需要的平台与机会，社区还能够源源不断为中小银行"供应"存款、贷款、结算、理财、信用卡等银行业务，满足中小银行零售业务、中小微业务及公司业务的全面发展。

转变经营思路，下沉社区服务中小、服务社区是大多数中小银行的正确决策。中小银行在社区有地缘熟、人缘亲、业务专、速度快等优势，依靠社区庞大的业务"底盘"，中小银行不但可以在普惠金融领域应对国有大行服务下沉带来的竞争压力，而且还可以依托社区发展零售、中小微及公司等各项业务。

末端营销着眼于社区这个城市管理最基层的管理单元，适合中小银行的自身经营特点。末端营销概念把社区市场当作末端营销市场，促使中小银行转变经营思路。以往中小银行更重视、关注源头市场和源头营销，习惯于"跟随"战略，与国有大行拼抢代发业务和批发业务，由于资金体量、科技赋能、信用背景、品牌效应等不同，加上中小银行成立时间普遍较短，在源头市场的竞争中处于劣势。然而，末端营销把社区当作末端市场，在源头市场失去的客群与业务，在社区这个末端市场可以再次营销，中小银行可以此加快业务转型，增强自身竞争能力。

强化下沉社区的决心

一直以来，在如何对待社区的认知上，中小银行出现了两种截然不同的态度。其一，不愿下沉社区。这种观点认为，社区是一个庞大的社区居民群体，由于社区居民层次多样、结构复杂，使得银行模式化、标准化的市场营销无法兼顾庞大的社区群体，与其费时费力"零敲碎打"式地"耗"在社区，还不如采取"跟随"策略，与国有大行拼行政事业单位的财政专户、职工代发工资业务，拼国有平台企业的信贷业务等，希望以此"大干快上"；其二，愿意下沉社区但存在畏难情绪。这种观点认为，社区只是社区居民的自治组织，并无行政管理权限，对网格小区、小区物业、社区居民、社区内的中小微企业等都没有行政管理的权力，单靠银行的力量走社区、进小区开展市场营销活动难度极大，且营销效果较差。

近几年，国有大行服务重心下沉给中小银行带来了巨大的竞争压力，为应对普惠金融领域的困境，一些中小银行特别是农商行曾经尝试过开展类似的社区网格化营销活动，然而，绝大多数都失败了。分析其原因，主要有三点：一是决心不大。中小银行本身对社区网格化营销模式一知半解，将信将疑，在推进的过程中，遇到疑难或挫折就"知难而退"；二是认知偏差。就如同硬币有两个面一样，银行只看到社区对社区居民和社区事务没有行政管理权力的一面，却忽略了社区公信力在社区网格化营销中起关键作用的另外一面。有意无意"绕过"社区开展市场营销，营销过程中的挫折和不达预期的营销结果，进一步加深了这种错误的认知程度；三是执行不力。基层分支行对社区网格化营销模式理解不透、领悟不深，导致执行过程中信心不足，出现问题就容易放弃。执行层面的偏差，放大了社区网格化营销模式的负面影响。当然，究其根本原因，乃是没有成体系的构建，比如没有扎根社区的战略决策，没有开展社区公益活动的战略规划，没有社区网格化推进的强力措施等。基于上述这些原因，类似的社区网格化营销模式在大多数中小银行半途而废，没有能够坚持下来。

"零售业务批发做"这句话，在近年来银行零售转型中颇为常见。这句话的本意是，银行通过加强公司业务与零售业务联动营销，给零售业务带来批量获取的机会与效果。然而，一些中小银行却曲解了"零售业务批发做"这句话的含义，过度强调"批发"两个字，认为在社区开展社区网格化营销，每场活动只能开几张借记卡、营销几笔存款、激活几户手机银行、申办几张信用卡或者做几户中小微贷款的市场营销，距离"批发做"的理念甚远，弱化了自身社区网格化营销的开办信心。而基于任务考核压力的考虑，执行层面的分支行希望通过做几笔大业务，快速提升经营业绩，不愿意在社区费时费力地开展社区网格化营销活动。

以上种种认知，其实就是"好经歪念"了。在外部经济环境急剧变化、同业竞争日趋激烈的竞争环境和严监管的监管政策之下，中小银行应该摒弃通过大业务实现大发展的既往思维，立足社区服务地方、服务中小才应是其正确的选择。末端营销概念指出了社区在银行市场营销中的关键作用，可强化中小银行下沉社区的决心以及开展社区网格化营销的信心。

坚定走特色化经营转型之路

2019年银保监会发布《关于推动银行业和保险业高质量发展的指导意见》（银保发【2019】52号），明确了中小银行"服务地方经济、小微企业和城乡居民"的市场定位。中小银行作为我国金融市场的重要参与者，是服务地方经济的主力军，应在市场经营上走出与国有大行不同的特色化经营转型之路。

一是打特色牌。业务经营同质化是中小银行发展的"绊脚石"，由于我国各地区发展特色各不相同，服务地方的中小银行便有了特色化发展的先天优势，因此，特色化也可以被称为中小银行为解决经营转型同质化痛点的"药方"。实现特色化经营，就是要求中小银行服务地方经济、小微企业和城乡居民，围绕国有大行暂时尚未深耕的领域继续抢占先机，在自己熟悉的地方做自己擅长的事情。

末端营销概念把社区当作末端市场，有利于中小银行避开国有大行在大项目、大投入等竞争优势的领域。中小银行选择自身差异化的特色经营路径，在有着"地缘、人缘"优势的社区开展业务经营，是应对国有大行服务下沉的举措，也是发挥自身优势的必然之路。

二是打"持久战"。特色业务战略的推进是一个中长期的过程，需要在特色业务方面精耕细作，不能以短期业绩衡量长期战略目标，否则容易半途而废。如招商银行的零售转型开始于2004年，历经三次转型，期间也曾经历过挫折，但矢志不渝地推进，终于成就了"零售之王"的称号。

以社区为中心开展社区网格化营销，是中小银行特色化经营转型的路径选择，这个方向无疑是正确的，但是，在社区网格化营销推进的过程中，需要时间的沉淀。比如，与社区的合作模式需要时间去磨合，营销方式的优化需要时间去修正，银行产品与服务的认可需要时间去证明，营销业绩需要时间去验证，等等。这个过程也许比较长，也许还会遭遇一些问题，所以在推进过程中必须要有战略定力，必须要有长久坚持的预想，不能因为遇到暂时的困难而轻易放弃。

三是走品牌路。产品与服务是品牌传播的基础，良好的品牌形象反过来助力产品与服务的营销。在产品与服务高度同质化的大背景下，差异化、特色化的经营模式可强化品牌影响力，进而提高客户的信任度，提升中小银行的营销竞争能力。末端营销概念把社区当作末端市场，推进中小银行以社区为中心开展社区网格化营销，主打"社区化""公益化"两大服务品牌。"社区化"就是中小银行扎根社区、深耕社区，构建银行与社区、银行业务与社区事务深度融合发展的新型银社关系；"公益化"就是中小银行积极参与社区活动，通过慰问社区弱势群体、普及金融知识、培训金融风险防范技能、构建社区金融安全屏障等方式，凸显"小众高频、感受直观"的公益特征。

品牌形象关系到一家银行在客户心目中的地位。社区网格化营销坚定走"社区化""公益化"特色经营路径，必定在社区客群中形成良好的服务形象，为中小银行紧贴社区末端市场、提升竞争能力奠定基础。

第三节　末端营销的首要目标是增长基础客群

末端营销从区分"单位人"与"社会人"或者"社区人"入手，强调社区是中小银行基础客群再次营销的末端市场，解决以往市场营销中"客群无处寻"的窘境，也转变以往只注重源头营销的经营思路。中小银行基础客群非常重要，末端营销的首要目标就是促进基础客群的稳步增长。

中小银行基础客群的重要性

基础客群是中小银行业务发展的基础。现代企业发展的第一步就是如何快速增长客群。

银行也是企业，同样需要基础客群。稳定的客群是银行各项业务的基础，没有客群就是"无米之炊"，大概率只能"沦落"到被合并重组的地步。

基础客群与存款增长正相关。存款规模是衡量一家银行发展水平的核心指标之一，存款规模不大，是多数中小银行的现实，究其根本原因，客群基础薄弱是主要因素。所以从一定程度上说，存款规模增长的高度，取决于基础客群的数量与质量，这里的"数量"指的是基础客群的规模，

"质量"指的是基础客群的结构,基础客群与存款增长在关联度上具有正相关特点。下图是某城商行下辖一家地市分支行的存款增长与客群增长的趋势图,表现出二者的正相关特征。

图4.1

××分行储蓄存款与客群增长趋势图

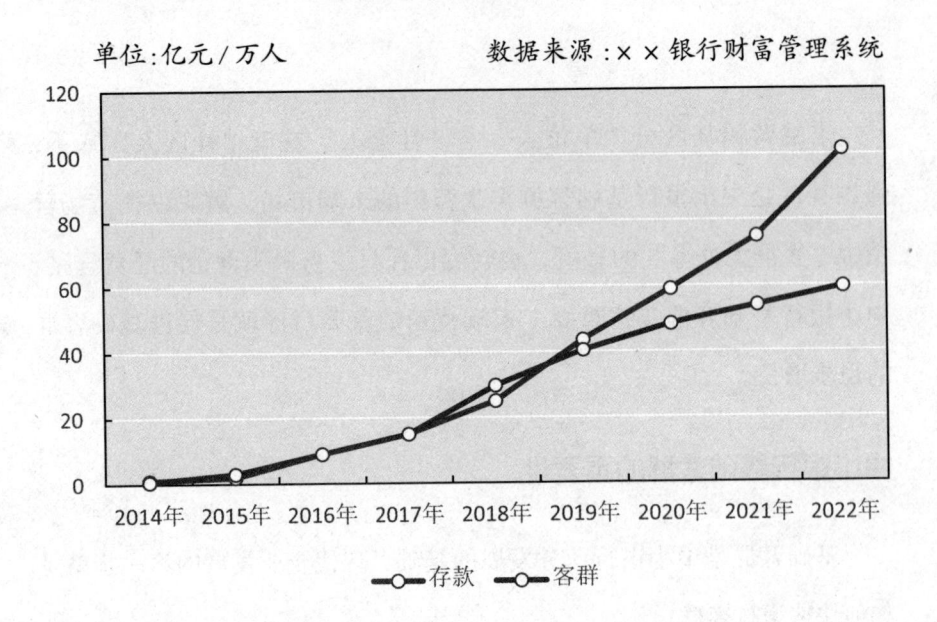

单位:亿元/万人　　　　　数据来源:××银行财富管理系统

基础客群推升贷款业务的增长。一方面,中小银行贷款业务的规模与利率水平是影响资产收益的主要因素,而基础客群的规模是贷款业务规模提升的基础。银行设计多种贷款产品,既是满足基础客群多层次的金融需求,也是提升银行贷款规模的需要,所以基础客群的规模,直接影响中小银行贷款业务的发展;另一方面,受资产负债率的监管限制,存款规模直接影响贷款投放量,而基础客群与存款规模高度正相关,所以基础客群的规模对贷款业务的影响非常大。

基础客群是金融产品与服务的买方市场。为满足客户在存款、贷款、结算、理财等方面的金融需求，也为了稳固即有的客户关系，银行推出了种类繁多的金融产品与服务，基础客群的规模直接影响银行金融产品与服务的销售效果。

相对国有大行，中小银行成立时间普遍较短，客户基础薄弱，业务发展缓慢，亟须通过补强基础客群，提升竞争能力。

基础客群是中小银行利润增长的源泉。我国银行业利润主要来源于存贷利差，随着利率市场化的推进与普惠金融的全面铺开，净息差已呈逐年下行趋势，给银行业带来巨大的经营压力。国有大行基础客群庞大，融资成本较低，近年又通过大力发展中间业务增加经营利润来源，缓解净息差下降带来的利润下行速度。与国有大行相比，多数中小银行利润增长基本上依赖净息差，并且中间业务创收能力差。在国有大行服务持续下沉的大背景下，中小银行要么"跟随"国有大行降低普惠贷款利率留住优质客户，要么被国有大行"掐尖"流失优质中小微客户，净息差下降成为中小银行利润下降的主要因素。

在利率市场化及银行利率自律机制与普惠金融全面铺开的情况下，净息差下行应该是银行业的大趋势。应对净息差下行趋势，对于中小银行而言，夯实基础客群是一个必选项。基础客群稳步增长，存款大概率增势良好，定活期存款结构也会改善，资金成本趋势向好，负债端较好地控制成本；同时，存款的增长成为贷款投放的资金支撑，可以投放更多的贷款，从资产端增加贷款利息收入，贡献利润来源。

以微众银行为例。微众银行成立于2014年，是国内第一家获批的民营银行，也是首家互联网银行。根据年报披露，微众银行近年连续三年取得营业收入、利润复合增长率约30%的骄人业绩，2022年实现利润89.37亿元，比其余18家民营银行利润之和还多2.45亿元。一家成立仅8年的民营银行，业绩何以如此出众？利润高增长的背后，是微众银行主要依靠腾讯流量生态带来的惊人的3.6亿个人有效客户，这一数字是国内"零售之王"招商银行的近两倍，此外，微众银行触达的小微商户超过340万户。微众银行的主打产品"微粒贷"，主要目标客群是腾讯生态中的海量长尾客户，自2015年上线以来，已累计投放超6000万户借款客户，累计投放量在1万亿元以上。解析微众银行的财富密码，快速增长、数量惊人的基础客群为微众银行的出色表现奠定了坚实的基础。

基础客群是中小银行核心竞争力的保障。其一，基础客群是银行业务经营的"定海神针"。基础客群是银行各项业务发展的基础，在一定程度上决定了银行的业务增长与发展后劲，是银行的核心竞争力，可以预见，优质的基础客群的竞争，将成为银行业未来的核心竞争之一；其二，存款立行的本质是客户立行。"存款立行"一直是商业银行的信条，是商业银行经营中的"压舱石"，存款影响银行的盈利能力，直接影响银行的流动性管理，是银行核心竞争力的体现。而基础客群的数量与质量，在一定程度上决定了存款的数额，进而影响银行核心竞争力的提升；其三，"以客户为中心"的服务理念是建立在规模客群之上，基础客群没有一定的规模，不仅建立在基础客群之上的各项业务增长迟缓，而且"以客户为中心"的服务形象也难以体现，美誉度较低的服务形象反过来又会影响基础客群的增长，形成一个低效的负循环，拖累银行核心竞争力的提升。

中小银行基础客群薄弱之痛

中小银行成立时间普遍较短,基础客群"先天不足",加上同业竞争中客群增长乏力,基础客群薄弱的局面一直得不到有效改善。基础客群薄弱影响中小银行各项业务良性发展,影响其利润的增长,降低其抗风险能力,成为中小银行亟须解决的核心问题。

拖累业务发展。基础客群是银行各项业务发展的基础。基础客群薄弱影响存款规模的增长,影响贷款的投放量,影响金融产品与服务的销售,拖累银行各项业务的良好发展。

存贷款业务与基础客群息息相关。中小银行业务品种相对单一,存贷款业务既是传统业务,也是主要的业务,更是利润的主要来源。基础客群薄弱,制约存款总量的增长与存款结构的优化,继而影响贷款投放及利润的增长。

财富管理目前已经成为各家银行的战略业务。财富管理的作用并不仅仅是创造收入以及缓解净息差收窄带来的利润增长压力,更重要的是树立自身品牌,满足客户多样化需求,进一步增强客户黏性。发展财富管理业务的前提是拥有良好的基础客户规模,这是发展财富管理的基础和核心。中小银行基础客群薄弱,成为制约财富管理发展的"瓶颈"。

拖累利润增长。在利率市场化大背景下,存贷款利率持续下行,收入增速下降,净息差收窄,中收占比下降,给银行经营带来巨大压力。中小银行利润增长主要依赖传统资产负债业务较高息差的盈利模式,净息差收窄对利润增长影响非常大,而基础客群是资产负债业务发展的基础和核心,基础客群薄弱成了制约中小银行利润增长的深层原因。

拖累科技创新。近年来，银行业数字化转型成了热门词。国有大行利用资金、技术、人才等方面的优势，率先发展金融科技，引领数字化转型，进一步巩固和增强自身获客能力、盈利能力及风险控制能力等方面的优势。而囿于基础客群薄弱，缺乏规模效应，在发展金融科技需要高成本、高投入的情况下，中小银行盈利能力的弱化，不可避免地压制了金融科技的投入，导致中小银行在发展金融科技方面举步维艰，进一步拉大与国有大行的差距。

根据年报显示，2022年，六大国有大行金融科技投入总额超1100亿元，其中工行科技人员数量达3.6万人，建行、农行、中行科技人员均超1万人。反观中小银行，信息科技基础薄弱，科技投入不足，导致核心业务系统及信息管理系统残缺不全，手机银行、网上银行等线上服务渠道稳定性较差，客户体验感明显落后。

中小银行基础客群增长之难

源头获客难。相对而言，中小银行的品牌影响力、产品与服务竞争力等都与国有大行有一定的差距，加上成立的时间相对较短，客户对其产品与服务的了解不足。而国有大行成立时间长，品牌优势明显，产品与服务品种齐全，科技支撑功能强大，在行政事业单位、国有大中型企业及私营企业等企事业单位中，占据工资代发、费用代收代缴等源头市场营销中的优势地位。事实上，作为金融市场的后来者，中小银行在市场营销中已发现，许多源头性的营销机会已经失去，与在当地深耕了几十年的国有大行拼抢源头客户，不但没有"先入为主"的优势，而且后续没有优于国有大行的营销产品与服务手段，源头获客的难度比较大。

以代发工资为例。代发工资是典型的源头获客模式，与街边摆摊、商超驻点、市场陌拜等零散获客方式相比，获客效率无疑高出很多，然而，囿于品牌、产品、服务、科技等方面的差距，加上信贷投放有限，其他资源禀赋也少，中小银行在优质客户的源头代发竞争中处于劣势。

批量获客难。批量代收代付、信用卡团办、小额贷款批量预授信以及公私联动带来的零售批量业务等，都是批量获客的路径。中小银行在科技赋能、产品设计、品牌影响力等方面，明显与国有大行存在差距，批量获客难度大。近年来，随着金融科技的投入与使用，智慧项目如智慧学校、智慧医院、智慧政务、智慧物业、智慧交通等，成为批量获客的利器，然而，受制于科技短板，多数中小银行对这些项目只能望而兴叹。在政银合作推进"金融+政务"场景方面，如国库集中支付、非税汇缴、物业维修基金缴纳、购房资金监管等，多数中小银行没有业务系统支持，无缘这个批量获客渠道。

线上获客难。近些年来，随着大数据、网络技术、金融科技的发展与应用，线上获客成为新的获客渠道。国有大行金融科技领先，多数中小银行无法与之抗衡。2023年5月，中国人民银行发布《中国金融稳定报告（2022）》指出，"受限于技术薄弱和消费场景缺乏，中小银行线上自营获客能力不足"。线上获客渠道受阻，将影响中小银行未来的长期发展。

存量客户维护难。同业竞争，其实多数情况下就是相互对同业存量客户的竞争，也就是不同银行之间相互"挖"对方银行的客户和资源。在存量客户的关系维护方面，国有大行优势明显。一是先天优势。国有大行存在国家信用背景强大、经营时间长、银行网点多、科技手段众多等优势，客户关系比较稳固；二是下沉优势。近几年普惠金融之下，国有大行利用资金成本优势，降低贷款利率"收割"本属于中小银行的优质中小微客户，在存量客户的同业竞争中处于"进攻"态势；三是科技优势。随着互联网时代的到来，银行业务离柜率高达90%以上，国有大行借助科技优势发力手机银行、网上银行、远程银行等线上产品，"收割"金融交易活跃客户。相比国有大行，中小银行维护存量客户的方法不多，手段不新，传统的依靠较高存款利率留住存量客户的方法，随着近几年监管政策的出台已逐渐失效，比如，取消了靠档计息存款智能产品，叫停了互联网平台存款等，中小银行存量客户的维护难度更大了。

"末端营销"改变获客思路

从银行的角度看，社区拥有几千、几万甚至十几万人的常住人口，无疑是银行基础客群的"富集地"，但近在咫尺、亟须补强基础客群短板的银行，为什么没有热衷于进入社区开展市场营销获客呢？其原因主要是：

一是难进入。我国的城市社区是由一个个的网格小区组成的，而网格小区一般都是住宅小区、单位院落等自成体系的人口聚集区，为便于安全保卫、综合管理，每个网格小区都近乎封闭管理，门禁系统、物业管理、业主委员会自治等，都会成为外来营销活动的"拦路虎"。

二是不愿进。银行偶尔也会进入社区开展市场营销活动，由于有意无意地"绕过"社区这个城市最基层的管理单元，银行市场营销活动结果往往差强人意，达不到预期的营销结果又加深了社会对银行不愿进社区的负面印象，形成一个不良循环。

三是没想进。这是一个营销理念与经营思路的问题。其一，习惯拼源头市场。批量代发工资、批量代收费用、信用卡团办、信用贷款批量预授信等方式，批量获客效率高，所以银行都希望在源头市场批量获客，把时间与注意力倾注在源头营销上，忽略了社区末端市场的营销；其二，缺乏理论指导与支持。"末端营销"就是把社区视为营销上的末端市场，把社区居民视为社区末端市场的目标客户，支持银行在社区末端市场对社区居民再营销。缺乏理论上的指导与支持，银行面对社区庞大的基础客群，要么视而不见，要么束手无策。

这种情形显然不利于中小银行的发展。其一，拼源头市场，中小银行始终处于明显的劣势；其二，不发力社区末端市场，基础客群增长永远是一个无解的难题；其三，发力社区末端市场，却找不到好的解决办法。

相反，国有大行"乐见"这种情形。国有大行成立时间长，在社区门口经营了几十年，多数社区居民已经成为国有大行的基础客户，他们对国有大行的国家信用背景有信心，对国有大行的产品与服务很熟悉，对银行的工作人员也熟络，客户关系比较稳固。中小银行如果不改变营销理念与经营思路，仅凭高度同质化的产品与服务，无法与国有大行竞争。

"末端营销"打开了新的营销视野。那就是在源头市场上无法获取的客户，在社区这个"末端营销"市场再次营销。笔者这么建议，不是要中小银行放弃源头市场获客渠道，相反，还应该加强源头获客的力度，毕竟源头获客效率更高，只是在源头获客渠道走不通的情况下，通过社区这个"末端营销"平台，中小银行还会有再次营销的机会。

比如代发工资业务是各家银行批量获客的重要渠道，同业竞争自然十分激烈，但是对于中小银行而言，既没有国有大行的政策优势，也没有网点众多的便利条件，注定在源头营销上处于劣势。而在社区，当所有的客户都是社区居民时，中小银行就有了"末端营销"带来的再次营销的机会。

"末端营销"改变了中小银行获客的思路，即扎根社区，把庞大的社区人口当成银行的目标客群，持之以恒地开展社区网格化营销，稳步转化为中小银行的基础客群。

社区是中小银行基础客群的增长点

社区有庞大的人口基数，有服务社区生活圈的种类繁多的中小微企业，理应成为中小银行基础客群的增长点。"末端营销"将中小银行的市场关注点集中到了社区，较好地解决了市场营销理念与营销方向的问题，是中小银行开展社区网格化营销的"出发点"。

社区网格化营销模式是以社区为中心，以社区活动为切入点，着眼于银行与社区、银行业务与社区事务深度融合发展的一种新型营销模式。中小银行以社区为中心开展社区网格化营销，较好地解决了市场准入难、平台搭建难、活动不连续及效果不明显等难题，有效促进基础客群的增长。

一是坚定立足社区的决心与信心。立足社区，首要目标就是社区庞大的人口基数，这是中小银行基础客群增长的主要来源。

二是大力支持社区活动。在社区高频的社区活动中，银行"搭便车"式或者"嵌入"式开展市场营销活动，省时省力效果好。

三是积极参与社区公益活动，提升品牌形象。这与以往的银行市场营销有很大的区别。中小银行积极参与社区公益活动，给社区与社区居民带来直观的感受，必然会受到全体社区居民的支持，使其品牌形象进一步提升。而良好的品牌形象，又会促进银行获客增长和业务发展，形成良性循环。

四是营销活动网格化推进。扎根社区就是要做透社区金融。银行通过社区在网格小区有计划地推进网格化营销活动，做到居民全触达、业务全覆盖。线上线下营销活动"齐头并进"，网格化推进效果更好。

第四节　末端营销解决存量客户关系维护难题

无论是国有大行还是中小银行,存量客户的关系维护都十分重要,换个角度来看,同业对客户的竞争实际上就是对同业的存量客户的竞争,通俗地讲,市场营销无非不间断地相互"挖"对方银行的存量客户和资源。为防范竞争对手,势必要加强存量客户的关系维护。

存量客户关系维护方式高度同质化

目前银行对存量客户的关系维护基本上千篇一律,同质化率很高,主要有以下这几种方式:

一是节日维护。主要是对贡献度较高的客户开展节日拜访、生日祝福等,有些银行对高净值客户增加理财计划、资产配置等增值保值的维护内容,这种方式一般对银行的VIP客户开放,普通客户较难享受到。

二是厅堂维护。以前有句话"赢在厅堂",意即银行网点的厅堂是维护客户关系的主阵地,但近些年随着手机银行、网上银行等线上银行业务的普及,到厅堂办理业务的客户越来越少,厅堂作为物理网点的维护作用在减少。

三是活动维护。为推销产品或答谢客户,银行通常会举办一些活动,但由于各种原因，客户约见成功率低，活动参与者少，产品营销成效差，客户关系维护效果不好。

四是电话微信维护。有些银行通常规定客户经理、理财经理每天电话联系客户的数量，或者为了突击完成某个指标，安排银行员工电话微信"狂轰滥炸"，反复邀约客户，使客户体验感很差，特别是平时与客户不联系，或者不了解客户，一有任务时就"电话追着客户满街跑"的所谓电话营销，客户特别反感。

五是短信群发。为了举办营销活动或者为了推销产品，银行一般会采取无差别的短信群发方式广而告之。这种方式的成功率更低。

存量客户关系维护不到位，导致产生很多无效、低效客户。于是银行的市场营销出现了一个"怪圈"：一方面银行费时费力费成本开展各种营销活动"挖"同业的存量客户；另一方面，由于疏于客户关系维护，银行又不断流失自己的优质存量客户，白白浪费营销资源。

存量客户是市场营销的成果，是银行的宝贵资源。银行存量客户中，体量最大的是无效户和低效户，值得注意的是，相当一部分所谓无效低效客户，或许就是同业的VIP客户。采取有效手段维护存量客户关系，降低无效低效客户数量的占比，提高存量客户的贡献度，是银行客户关系维护必须考虑的问题。

中小银行存量客户关系维护难题

相比国有大行，中小银行存量客户的关系维护更难。

一是存款类客户。中小银行存款利率普遍较高，并且还有花样繁多的"创新"类存款产品，以此稳固存量客户，但随着严监管时代的来临，互联网平台存款产品叫停、靠档计息类智能存款产品下架、结构性存款产品规范等，以及随着利率自律机制的严格推行，通知存款、协定存款上限利率也于2023年5月双双下调，中小银行存款利率优势已不再明显，这就意味着以高利率维系存量客户关系的路径会越来越窄。

二是贷款类客户。中小银行由于资金成本较高，相应地贷款利率也较高。在以前，中小银行利用审批决策链条短以及国有大行对微小客户、微小贷款无暇兼顾的优势，积累了一批中小微信贷客户。近年来，在国家大力推行和监管政策引导下，国有大行不断下沉服务重心，利用资金成本低、科技赋能强等优势，在普惠金融惠及中小微客群的同时，也给中小银行带来优质中小微客户被"掐尖"、零售基础客户流失等压力。

三是理财类客户。随着存款利率下行趋势的形成，理财产品对于存款客户的吸引力持续提升。越来越多的客户选择现金类理财替代活期存款，中长期限理财替代中长期定期存款，银行理财有着巨大的发展空间。特别是2022年，资管新规正式落地，理财子公司已经成为理财市场最重要的主体。然而，多数中小银行受制于自身投研能力、资本、人才等资源劣势，并不具备成立理财子公司的条件，并且在财富管理方面缺乏专业人才。国有大行有雄厚的资金实力和产品设计能力，并有理财子公司独立运作，对中小银行的存款、理财客户产生明显的"虹吸"效应。

存量客户关系维护新思路

"末端营销"为中小银行存量客户的关系维护提供了新的思路。我国的城镇都是由一个个的社区组成的，几乎所有的城镇居民都分布在这些社区内，从这方面讲，中小银行的存量客户都是社区居民，都居住在城市的各个社区或者说网格内，也就是社区末端市场内，银行通过在社区末端市场开展社区网格化营销，实现客户的再营销与客户关系的再维护。

中小银行社区网格化营销模式中有两种方式可维护存量客户的关系。

其一，日常维护。中小银行社区网格化营销模式着眼于银行与社区建立深度融合发展的关系，并成为社区居民的首选银行。中小银行通过社区活动和公益活动，深入社区和网格小区开展业务营销活动；延伸银行网点服务功能到社区，为社区居民提供方便快捷的金融服务；培训金融风险防范知识，构筑社区金融风险屏障，以此推进银行市场营销活动。中小银行持续在社区开展的社区网格化营销活动，其存量客户以及新增客户都会在社区网格化推进中得到持续的维护，这种方式的优点是注重了平时的关系维护，不至于"临时抱佛脚"，影响客户的体验感。

其二，分类维护。传统的客户关系维护，基本上是按客户资产总量进行分层维护，优点是视客户贡献度"论功行赏"，提高大客户的忠诚度，缺点是客户关系维护"个别化"，起不到以点带面的效果，特别是对于占比接近90%的普通大众客户或者长尾客户，银行分层维护方式基本上没有顾及，也无法顾及。

社区网格化营销模式提供了另外一种客户关系维护思路，即所有的存量客户都分布在不同的社区，银行通过分类，把存量客户按社区分类甚至还可以细分到社区网格小区，然后对分布在同一社区或网格内的客户开展针对性的客户关系维护，这种方式的益处在于，减少了客户关系维护的盲目性，增强了客户维护与营销的精准度，在情感上拉近了与客户的距离。

从社区网格化营销模式对于存量客户的两种维护方式来看，其共同的优点是加强了对无效低效客户，也就是占比接近90%的普通大众客户或者长尾客户的维护。在以往的客户关系维护模式中，这些存量客户体量大、贡献度低，基本上处于无人维护的状态，更谈不上精准维护。中小银行通过社区网格化营销方式推进社区营销活动，实现存量客群全覆盖，并且通过主动触达客户，挖掘客户潜力，提升大众客户的贡献度。

从某种意义上讲，存量客户特别是基数庞大的无效低效的大众客群，是一座"金山"，只要坚持客户关系维护，不断挖掘客户潜力，就会源源不断地产生效益。

举个例子：下表是某城商行下辖某地市分行2018年至2022年零售客户结构表。从表中可以看出，无效低效的大众客户（AUM低于500元）虽然占比仍然很高，但呈逐年下降趋势，对零售存款增长起到正向的促进作用。可见，正确转变客户关系维护方式也至关重要。

表4.1

××地市分行零售客群结构表

单位：万人/亿元　　　　　　　　数据来源：××银行财富管理系统

年份	存款（亿元）	大众客户（万人）		金卡客户（万人）		白金\钻石客户（万人）	
		客户数	占比	客户数	占比	客户数	占比
2018年	28.8	28.3	95.11%	1.1	3.72%	0.3	1.16%
2019年	43.6	38.3	94.80%	1.6	3.89%	0.5	1.27%
2020年	58.4	45.5	94.43%	2.1	4.28%	0.6	1.29%
2021年	76.1	51.4	93.87%	2.6	4.66%	0.8	1.46%
2022年	101.6	55.3	92.69%	3.3	5.54%	1.1	1.77%

第五章
中小银行构建社区网格化营销体系势在必行

第一节　从市场营销角度看中小银行发展困局

在我国，中小银行是指工、农、中、建、交、邮六大商业银行和国家开发银行、中国农业发展银行、中国进出口银行三家政策性银行以外的全国性商业银行、区域性股份制商业银行与城市商业银行，即指城市商业银行、农村商业银行和农村信用社、村镇银行等。根据相关数据，截至2022年6月，我国共有区域性股份制商业银行12家、城商行125家、民营银行19家、农商行1600家、农合行23家、农信社572家、村镇银行1649家，合计达3988家。中小银行是我国多层次、多类型的金融体系的重要组成部分，对满足社会公众和社会经济多层次、多元化的金融服务需求具有重要作用。

需要特别说明的是，笔者在本书探索的是中小银行的普遍性现象，而非个别现象或个性化特例；研究的是大多数的中小银行，而非少数头部银行。

近年来，随着利率市场化进一步深化，宏观经济环境的变化以及数字化、科技化在银行的普遍应用等，同业竞争日趋激烈。中小银行在与六大国有银行的竞争中，除少数头部股份制商业银行和城市商业银行外，普遍存在公司治理能力偏下、资产质量下行、收入增长停滞、盈利能力不足、资产负债管理能力不够以及数字科技投入不足等诸多问题。本书仅从市场营销的角度，分析中小银行普遍性的发展问题。

客群基础薄弱

客群是银行各项业务发展的基础。可以说，中小银行存在的诸如盈利能力不足、资产规模不大、资产质量下行、抗风险能力较弱等不足，究其根本原因，还是客群基础薄弱的问题，严重影响中小银行的良性发展。

一是基础客群"先天不足"。国有大行成立时间长，如中国银行、交通银行已经成为历史悠久的百年老行。国有大行在经历国家专业银行——商业银行——股份制银行的变迁中，凭着强大的国家信用背景和时间久远的经营历史，拥有了庞大坚实的基础客群。而中小银行成立的时间普遍较短，比如，1995年6月，中国第一家城商行——深圳市城市合作银行成立，国内第一家股份制农村商业银行——张家港农村商业银行于2001年11月成立，按此计算，我国中小银行的发展才经历20多年，此后，很多城市商业银行由分布在一省一地的若干个城市合作信用社"吸收合并"改制而来，最"年轻"的城商行新疆银行于2016年12月获批成立。

二是新增获客难。国有大行国家信用背景足、科技赋能强，在与中小银行的竞争中占据上风。比如，国有大行通过开发代收代付系统，可以"垄断"城市水、电、燃气的代收费业务，从而获得批量获客的商机；一些地方性规定，财政性存款、社保基金、国有平台公司的存款及结算业务必须经由国有大行，把中小银行排除在外。如前些年，国家在全民推广社会保障卡，对中小银行来说，无疑是一个良好的批量新增获客的机会。中部省份某地级市是个小城市，常住人口不到400万人，社保部门在市场划分时，把200多万人口的农村市场交给了农村商业银行、邮政储蓄银行和农业银行三家在农村有经营机构的银行，在城市中，行政事业单位、大中型国企的社保卡客群则分配给代发工资所在的银行，而代发工资业务一直是国有大行优势所在，中小银行只能进入社区营销灵活就业群体的社保卡业务，市场饱有率很小，并有多家中小银行抢夺。在这场社保卡客群的竞争中，中小银行完败。

三是存量客户维护难。国有大行科技投入多，数字化转型快，大数据支撑存量客户的维护工作，而中小银行在科技方面投入显然不足，科技赋能的能力也不足，在存量客户的统计、分类、挖潜、分析等方面，基本上还停留在凭以往经验判断的水平上，存量客户维护效率低、效果差，优质客户流失率较大。

四是获客成本高。中小银行成立时间普遍较晚，在客群营销的源头市场已经失去了先天优势；中小银行在科技赋能、产品设计、品牌影响力等方面，明显与国有大行存在差距，批量获客难度大；受限于技术薄弱和消费场景缺乏，中小银行线上自营获客能力不足，线上获客渠道受阻；通过街边摆摊、商超驻点、市场陌拜、扫街行动等方式获客，不仅获客效率低，而且费时费力成本高。

战略思路不清晰

中小银行本来就是定位于支持中小微经济体，是以打通金融服务的"最后一公里"为使命。在2016年严监管之前，中小银行通过大力发展同业业务、表外理财产品、委托贷款等非传统业务冲规模、增利润，发展迎来快速扩张时期，一些中小银行还开始尝试跨区域经营之路，偏离了服务中小微的立行初衷。

2016年以来，随着政策的趋严管理，如表外理财业务被严格监管，实行MPA考核，严控中小银行异地扩张，互联网存款被叫停等，通过这些监管措施，一方面金融监管部门重拳治理了金融乱象，规范了金融市场秩序；另一方面严监管政策之下，中小银行面临非常大的经营压力，倒逼中小银行重新审视自身发展战略，找到适合自身的发展路径。

然而，许多中小银行没有自己清晰的市场定位，无视与国有大行在信用背景、公司治理、资金规模、科技力量等方面的差距，盲目跟随大银行，在市场营销上"克隆"国有大行的营销模式，把有限的资源用到了与国有大行争抢大客户、大项目上，往往事与愿违。

产品与服务高度同质化的当下，部分中小银行没有根据自身的特点，形成差异化的市场营销竞争策略，在同业竞争中始终处于劣势。在这方面，一些中小银行市场定位准确，走出了一条有特色的经营之路。比如，业内有句话，"小微金改看浙江，浙江看台州"，在台州当地的台州银行、泰隆银行、民泰银行三家中小银行大放异彩。

品牌效应不明显

（1）中小银行品牌定位"千人一面"。中小银行特别是多数区域性中小银行都把自己的品牌定位为"市民银行""城市银行""有温度的银行"等，尽管这些银行确实定位于服务中小，服务大众，但"千人一面"体现不出服务的差异性，无法引起市民的共鸣。中小银行可以从满足客户的金融需求入手，在服务中逐步形成自己的竞争优势，打响自己的特色品牌。泰隆银行专注于当地小微企业贷款，叫响了小微企业专营贷款的服务品牌；招商银行在业内最早开展零售转型，十多年矢志不渝，经历了三次转型的努力，成为业内公认的"零售之王"。

（2）品牌意识不强。在中小银行中，区域性中小银行数量居多，近年来，在监管部门的考核和自身经营管理的双重压力下，区域性中小银行在当地普惠金融领域投入较多，但是，由于品牌意识不强，很多中小银行并没有做深做透本地市场，没有形成品牌效应，也没有成为当地中小微企业和社区居民心目中的首选银行。

（3）品牌形象的塑造需要健全的机制。中小银行成立的时间较短，本来就"先天不足"，加上没有一套行之有效的机制做支撑，在银行业产品与服务高度同质化之下，难以形成基于自身特点的经营优势和品牌形象。很多中小银行在服务当地中小微和社区居民时，没有提出服务愿景，没有配套的营销体系，也没有评价机制和考核机制等，社区营销活动要么"天雨散花"，要么"蜻蜓点水"，服务中小微往往"雷声大雨点小"，在当地不能形成良好的品牌形象。

同业竞争压力大

作为我国金融体系数量最多的中小银行，随着外部经营环境剧烈变化、互联网信息技术高速发展以及政策严监管阶段的到来，不仅面临来自国有大行的竞争压力，也面临机构新设、技术创新带来的管理压力。

一是国有大行服务下沉"紧逼"。近年来，国有大行纷纷下沉服务重心，利用资金成本低、科技赋能强、品牌形象好等优势，逐渐扩大对普惠小微群体融资供给"空白地带"的覆盖，"掐尖"原本属于中小银行的优质中小微客户和长尾客户，不断挤压中小银行发展空间。在提供普惠小微群体享受普惠较低利率贷款的同时，国有大行利用银行理财、代收代付、手机银行、网上银行、远程银行等具有比较优势的产品与服务，不断"开挖"中小银行的基础客群，动摇中小银行的客群基础。

二是科技创新能力偏弱。伴随移动互联网数字化、智能化的迅速发展，银行业务离柜率不断提高，目前已超90%，高离柜率意味着线上金融服务成为多数人的共同选择。集金融服务与非金融服务于一体的手机银行已经成为服务客户的主渠道，也成为银行获客、活客、黏客必不可少的工具。国有大行利用金融科技的优势，不断迭代升级手机银行的服务功能，构建综合化的"金融+场景"的服务平台，覆盖除现金外的大部分金融服务以及生活场景化的非金融服务，手机银行越来越成为银行同业竞争的"利器"。据统计，2023年4月，手机银行服务应用活跃人数5.2亿，六大国有大行月活用户数量均排名前八，其中，工行以月活客户1.27亿居首，同时，工行也是首家手机银行App用户超5亿的银行。反观中小银行，信息科技基础普遍薄弱，科技创新普遍不足，科技赋能的能力偏弱，不但核心业务系统及信息管理系统残缺不全，手机银行、远程银行等线上服务渠道稳定性较差，客户体验感明显落后，而且少数中小银行甚至连手机银行才刚起步，薄弱的科技竞争能力制约了业务发展能力的提升。

三是消费贷款市场竞争加剧。多数中小银行的信贷投放领域是中小微企业和社区居民个人，从这个角度分析，消费信贷和普惠金融领域是多数中小银行的"主战场"。然而，国有大行服务下沉，中小银行在普惠金融领域的"遭遇战"中压力倍增；同时，近几年消费金融公司的兴起，加大了在家装、汽车、旅游、数码等大额消费品重点消费领域的竞争力度。由于消费金融公司的目标客群更下沉，信用等级相对更低，覆盖了较多在传统金融体系中难以获得金融服务的长尾客户，在这些客户中，很大部分与法人机构在当地的中小银行的客群重合。2022年9月，建行筹建的建信消金获得银保监会批复，成为我国第31家获批开业的消金公司，也是第三家拥有消金子公司的国有大行。国有大行消金子公司的获批，意味着消费贷款市场竞争更加剧烈，中小银行在消费贷款"主战场"将迎来更多的竞争者。

第二节　社区网格化营销体系是一个全新的营销体系

中小银行构建社区网格化营销体系，致力于建立银行与社区、银行业务与社区事务深度融合发展的新型客户关系，这是一个有别于传统营销方式的新体系。

"提升"构建目标

中小银行构建社区网格化营销体系的目标是补齐社区金融服务短板，共建金融安全社区，促进银社深度融合发展，在相互支持中促进共同发展目标的实现。这个目标，既符合社区与社区居民的切身利益，也履行了中小银行的社会责任。

在以往类似的市场营销中，尽管出于同业竞争的考虑和提升自身竞争力的需要，银行的产品与服务包含了让利于民、方便客户、支持经济发展等多方面的积极因素，但是，银行市场营销行为本身主要是为了金融产品与服务的销售，同时也是为了产品与服务的销售而开展市场营销活动。中小银行构建社区网格化营销体系的出发点不一样，是致力于银行与社区、银行业务与社区事务深度融合发展，有利于银行与社区相互促进、共同发展，并且，银行与社区深度融合发展是长期目标而不是短期目标，反映了中小银行构建社区网格化营销体系的长期性。

中小银行社区网格化营销体系明确提出较高的构建目标，这一点完全区别于以往类似的银行营销模式，体现了中小银行回归本源、扎根社区的决心和信心。

"锚定"社区客群

金融服务社区与社区居民，既服务社区及网格内的社区居民，又服务于社区内的各种类型的社会经济组织。与传统营销模式下的"满大街找营销客户"不同的是，社区网格化营销做到了扎根社区，服务社区，目标客群很明确。

庞大的目标客群就在银行网点周边。社区常住人口和流动人口众多，少则数千人，多则几万人甚至十几万人，加上围绕社区"衣、食、住、行、玩"等数量较多的中小微企业，以及一些其他的社会组织，都是银行市场营销的目标客群。社区网格化营销扎根社区、深耕社区，就是把社区客群当作营销目标深耕细作。

凸显公益特征

中小银行社区网格化营销体系具有明显的公益特征，完全区别于传统营销模式。

中小银行积极参加社区活动，其中就包含慰问扶助弱势群体等公益活动。与国有大行通过设立慈善基金会或者支持专项公益等方式不同，"小众高频"的社区公益活动，给活动组织者与参与者更能带来体现社会和谐的正义、正气和正能量的直观感受，公益特征十分明显。

此外，中小银行利用自身金融专业优势，在另外两条路径开展社区公益活动。一是普及金融知识。针对社区居民金融知识匮乏的现状，中小银行在社区广泛开展金融知识培训，比如借记卡、存贷款利率及计息、理财、便捷支付、信用卡、贷款等基本的金融知识；二是构建金融安全屏障。为社区居民提供反电信诈骗、反非法集资、反洗钱、人民币真假识别、个人/企业征信等金融风险知识培训，提高全民抗风险意识和抗风险能力，建立社区金融安全屏障。

中小银行积极参与社区公益活动，着力打造公益服务品牌，凸显公益品牌形象，有利于提高客户对金融产品与服务的认可度。

明确营销路径

社区网格化营销体系是以支持、参与社区活动为切入点，这些活动既包括公益活动，也包括营销活动；既包括在社区活动中"嵌入"的银行营销活动，也包括银行主动开办的营销活动。这些活动，都是围绕"补齐金融服务短板、共建金融安全社区、促进银社深度融合发展"的共同构建目标而开展，必定得到社区与社区居民的支持，并且，由于社区活动多，"嵌入"社区活动的银行市场营销活动也可以连续举行。

银行市场营销需要有一定的参与客群以及开展活动的主题与平台，在以往的市场营销中，通常习惯于通过亲戚、朋友、同学等各种关系"牵线搭桥"，寻找营销活动的举办机会，在这种"关系"背景下的市场营销，费时费力且没有连续性。

社区网格化营销体系则以社区为中心，围绕社区开展营销活动，营销路径非常明确。社区作为社区居民的自治组织，在社区网格化营销中，可以起到关键的作用。比如，拆除阻碍营销准入的网格"篱笆"、帮助搭建开办活动的平台、利用社区公信力增强营销活动效果等，助力银行市场营销活动。

整合营销资源

　　银行市场营销通过细分市场，为客户提供多层次、多元化的金融服务。而在银行内部，一般按产品与服务的不同，设置了不同的营销条线，如，公司、零售、金融市场等，每个营销条线还可以再划分若干个细分的部门，比如，公司条线设置公司业务部、国际业务部、中小企业部、交易银行部、投资银行部、普惠金融部等部门，零售条线设置零售业务部、消费金融部、信用卡部等部门。各个部门为推广各自的金融产品与服务，往往独自开展市场营销活动，甚至为了各自产品的营销而争抢客户争抢资源，因此，从这个角度讲，银行市场营销很大程度上是单一产品的营销。

　　社区网格化营销体系是一个整体的营销体系，包含零售业务、小微业务及公司业务。社区是由一定数量的人口、社区经济组织等组成，社区的金融需求包含了银行的全部金融产品与服务，这个特点有利于银行开展公私联动的综合性营销活动，营销效果更好。

第三节　构建社区网格化营销体系是中小银行的应对策略

国有大行不断下沉服务，互联网金融蓬勃发展以及金融科技广泛应用，给中小银行带来了巨大的竞争压力。中小银行依托社区"底盘"，在夯实客群基础、推进精准营销、打造服务品牌等方面强补短板，着力构建社区网格化营销体系是良好的应对策略。

改进客群短板，夯实客群基础

现代企业竞争的前提和基础是客群，企业之间竞争的关键也是客群，没有客群，就没有企业的生存基础和发展壮大。

客群基础薄弱是中小银行普遍面临的难题。中小银行成立的时间普遍较短，基础客群相对薄弱，表现出"先天不足"；中小银行没有强大的国家信用背景，也缺少科技力量做支撑，新增获客难，获客成本也高；此外，在人们风险意识日益增强的情况下，中小银行没有国有大行的国家信用背景，维护留存客户的成本高，维护难度加大。

客群基础薄弱，严重影响中小银行的发展，甚至危及中小银行的生存。客群是银行各项发展的基础，这句话不论是对于国有大行还是中小银行都是适用。中小银行相对薄弱的客群基础，给中小银行业务发展带来严重的影响，比如，没有足够的基础客群，就不会有足够的存款，进而影响贷款发放没有足够的资金来源；高成本资金的使用侵吞中小银行本就不高的利润，进而影响中小银行金融科技的投入与改善等。如此种种发端于基础客群的薄弱，进一步拉大了中小银行与国有大行的竞争差距。

以基础客群对存款的影响为例。一直以来，中小银行客群基础差，倒逼中小银行维持较高的存款利率水平，以此稳定基础客群和存款规模。根据2022年年报披露，我们分析42家在A股上市的银行数据，2022年只有13家银行存款成本率下降，29家存款成本率上升，占比近7成；净息差情况更加不乐观，42家银行中只有5家银行净息差上升，其余37家均下降，占比88.1%。这种情况其实给中小银行带来了经营管理上的"两难"选择：如果跟随国有大行降低存款利率，可能会失去更多客户，但如果继续维持较高的利率水平，肯定有违市场利率定价自律机制，更为严重的是，较高成本的存款利率还会传导到利润端，通过收窄净息差，进而影响盈利能力的提升。

基础客群的竞争是银行业的竞争焦点。银行业从我国四大行"脱胎"于中国人民银行"大一统"格局后，经历专业化、商业化、市场化改造，到现阶段构建起以中国人民银行为核心，政策性银行与商业性银行相分离，以国有商业银行为主体，多种金融机构并存的现代金融体系。伴随银行业的发展进程，基础客群的竞争始终是银行业核心竞争之一。从20世纪八九十年代的高息揽存稳客户，到后来的开展柜台优质服务、营销优惠活动揽客户，再到银行工作人员走出柜台开展上门服务的市场营销；银行从最初的高柜到后来的低柜再到现在的智能化厅堂服务，无一不是为了夯实基础客群。利率市场化后，中小银行频打"高利率牌"，以此稳定存款稳定客群，但如今在客户风险意识增强的情况下，加上银行业市场利率定价自律机制的强力执行，这张"牌"越来越不好打了。

市场营销方式同质化"拖累"中小银行获客能力的提升。从1995年第一家城商行——深圳市城市合作银行成立至今，中小银行已历经28年的发展历程，期间，中小银行从最初的为化解信用社风险而陆续成立城商行、农商行的起步阶段，到在"4万亿"刺激下的异地扩张阶段，再到通过发展同业业务、理财产品、委托贷款等非传统业务冲规模的同业扩张阶段，直到目前的金融严监管阶段（任泽平等，2020）。中小银行的市场营销从一开始与国有大行展开客户错层的错业营销，到国有大行不断下沉业务重心形成的中小微和长尾客户营销竞争，市场环境、客群结构、同业竞争策略等在不断变化，但中小银行的市场营销方式基本上与同业差别不大，市场利率定价自律机制的严格执行以及国有大行科技手段的广泛运用，使中小银行的获客模式越来越经受不起市场的考验。

以"下沉"对付"下沉"是中小银行的竞争对策。近年来，在国家政策和监管部门引导下，国有大行下沉服务与业务重心，"掐尖"优质的中小微客户，尝到甜头的国有大行肯定还会继续在中小微和长尾客户中下沉营销，"侵蚀"中小银行传统领地。面对这种情况，中小银行唯有利用地域的本土优势，以更低的姿态"下沉"社区，方能在与国有大行的下沉竞争中立于不败之地。

社区网格化营销体系是中小银行下沉社区的具体策略。社区是我国城市的基础单元，是银行基础客群的"富集地"，但同时社区又是社区居民的自治组织，不是行政事业单位，没有行政管理和执法权力，因而一直以来，很多银行在社区开展银行业务营销时，基本上忽略了社区这个最基层的城市管理单元的存在。这种方式的结果是，银行无法做深做透社区市场。社区网格化营销体系是把社区当作一个整体，以社区活动作为"切入点"，对社区内的网格小区、专业市场、中小微经济体等实行网格化推进营销，通过下沉服务成为社区和社区居民的首选银行。

银行业的竞争，主要体现在如何深耕客户市场，如何实现客户需求的深度挖掘，以此提升竞争能力等方面。社区网格化营销正是依托社区、深耕社区的管理模式，对于新增获客和存量"活客"很有帮助。

营销下沉社区，触达更加精准

营销下沉社区是发展趋势。近年来，在国家政策的引导下，国有大行主动下沉服务重心，在普惠金融领域争夺中小微客户和长尾客户，挤压中小银行的生存空间。在与国有大行的遭遇战中，中小银行必须做实下沉服务，提高竞争能力。银行的产品与服务需要营销，并且未来的营销一定会朝着精准化的方向迈进，这就要求在营销之前掌握客户的信息和需求，以便采取差异化的产品组合开展对客户的精准营销。营销下沉社区，正是适应这一发展趋势。

社区"网格化"，营销破"关"难。我国的城市社区都是由一个一个的网格构成的，而网格中的住宅小区、单位院落、经营市场等一般自成体系。以住宅小区网格为例。为满足安保的需求，住宅小区大都安装有门禁系统，还设有保安岗，禁止陌生人随意出入，所以从这个层面上讲，小区也是一个小单位。但同样的，在多重"关卡"面前，银行的线下市场营销活动难以为继，不但难以进入小区，而且还要面对各种关系的协调。在这种情况下，银行的市场营销一般选择城市的社区广场、城市公园、步行街等人流量比较大的公共场所，开展"节日营销""周末营销"等，即便如此，有些地方还规定，公共场所的营销活动要报备当地城市管理部门。在公共场所开展的市场营销，虽然流量比较大，营销触达比较广泛，但由于客户散居在城市的各个社区，后续的业绩落地也不容易。

建立在银社互信基础上的营销活动富有成效。社区网格化营销体系致力于银行与社区、银行业务与社区事务深度融合发展，形成相互支持、共同发展的新型客户关系。中小银行建立在这个互信基础上的市场营销的效果必然不一样。

其一，社区公信力加持是破"关"良方。社区为了管理上的便捷和精细，按照管理方便、界定清晰的原则将社区划分为若干网格，在每个网格内设立了网格专管员，还把网格小区的物业、业主委员会、驻小区单位、楼栋长等纳入网格化的管理方，增强社区共治管理的力量。中小银行与社区签订金融服务进社区服务协议，社区内的网格小区都会向银行"敞开"，银行市场营销的准入"篱笆"得以"拆除"。

其二，网格化推进，扩大覆盖面。中小银行可以针对各个网格的居民层次、习俗、偏好等制定相应的营销策略，避免营销方式的"千篇一律"。多个网格小区有序推进，扩大触达覆盖面，增强营销效果。

其三，线上常居，快速响应。中小银行在各个小区网格微信群派驻业务人员，以"金融信息员""金融联系人"等名义常居，既方便线上普及金融知识，宣传防电信诈骗、金融诈骗等案例，建立金融"防火墙"，又方便快速响应社区居民的金融诉求，提升社区居民的服务体验感。

社区网格化营销体系扎根社区，营销下沉社区，直接触达社区客群，具有广泛性、精准性特点，市场营销的效果更好。

探索特色服务，打造服务品牌

营销方式"千人一面"，无法体现差异性。相比国有大行，中小银行特别是多数地方性的中小银行，实际上是城乡社区金融与服务的"天然"提供者，但却缺乏规模和品牌效应。究其原因，其一，营销活动没有系统性。营销活动"绕过"社区，不能实现社区内各个网格小区的营销全覆盖，也不能做深做透社区金融，规模效应自然上不去；其二，营销活动没有特色。营销方式基本上与同业高度雷同，没有在社区居民中留下美誉，比如，开展"应景式""蜻蜓点水式"的营销活动，貌似热热闹闹，实际效果却是"雨过地皮湿"；其三，营销活动没有长期化。没有把社区金融当作深耕的领域，自然也就缺乏持久深耕的规划。

品牌形象只有独具个性和特色，才能吸引社会公众。社区网格化营销体系着眼于银行与社区、银行业务与社区事务深度融合发展，营销活动注重长期性、特色化和公益性，区别于以往"蜻蜓点水式"的营销活动，必定给社区居民和中小微经济组织带来全新的服务体验，形成良好的服务品牌。

社区网格化营销体系具有鲜明的"公益性"特征，有助于中小银行服务品牌的重塑。中小银行通过慰问孤寡老人、留守儿童等社会弱势群体，在社区居民中开展金融风险知识培训，在线上线下提供金融业务咨询等方式，提高全民抗风险意识和抗风险能力，构筑起社区的金融风险屏障。中小银行在业务营销活动过程中，开展公益活动，履行社会责任，服务品牌形象更加凸显。

社区网格化营销体系以社区为中心，下沉扎根社区，服务贴近市场、居民和中小微企业，围绕社区的"衣、食、住、行、玩"等提供社区金融服务，在社区居民中形成良好的服务品牌，争取成为社区居民的首选银行。

在银行业竞争越来越激烈的今天，银行产品与服务同质化程度也越来越高。构建社区网格化营销体系，立足社区深耕社区，体现中小银行的金融特色服务。促进金融服务进社区，支持社区公益事业，共建金融安全社区，是中小银行主动承担社会责任的体现，必将得到政府部门、监管机构和社区、社区居民的好评，以此提升中小银行服务形象，打造鲜明亮丽的服务品牌。

第四节　社区网格化营销体系的认知误区

认知误区一：社区网格化营销体系等于社区支行

看到"社区网格化"这几个字眼，很容易让人联想到前些年名噪一时的社区支行开办热，甚至把社区网格化营销体系等同于社区支行，其实这个认知并不成立。

首先，社区网格化营销体系是由营销理念、组织架构、营销方法、运营管理等组成的全新的营销系统，而根据中国银保监会2013年颁布《关于中小银行设立社区支行、小微支行有关事项的通知》中的定义，社区支行是银行网点的一种特殊类型。

其次，社区网格化营销体系的运行，不需要在所有的社区普遍成立社区支行，银行的现有网点或支行，只要立足社区深耕社区金融，就可以保障社区网格化营销体系的良好运行。

再次，二者的营销效果不一样。"社区支行"一词应该是起源于美国的"社区银行"，当年各家银行争先恐后开设的社区支行，其实就是开设在社区的一个简易的物理网点，由于运行机制与真正意义上的"社区银行"相去甚远，虽然名为"社区支行"，却无法专注社区金融，几年之后终因"水土不服"纷纷关停并转。社区网格化营销体系则专注社区金融，致力于建立银行与社区、银行业务与社区事务深度融合发展的新型客户关系，对市场营销、客户关系管理、品牌形象等都有良好的促进作用。

最后，社区网格化营销体系相较于社区支行而言，更加方便开展社区金融服务。中国银保监会在2013年颁布的银监办发【2013】277号文中，规定社区支行"一般不办理人工现金业务，不办理对公业务，小微支行单户授信余额不超过500万元"，也就是说，社区支行实际上是一张有限的金融牌照，在实际经营过程中，"不能办理人工现金业务"特别让社区支行颇受社区居民诟病，这也是"社区支行热"迅速降温的原因之一。社区网格化营销体系建立在全功能网点的基础之上，能够为社区提供全方位的金融服务。

认知误区二：社区网格化营销体系等于搞几场社区活动

社区网格化营销体系是以社区活动为银行业务营销的切入点，但"零敲碎打"式的搞几场社区活动并不等于网格化营销体系的构建。

在市场调查和社区走访中，有社区经常提道：某某银行曾经在社区开办过营销活动，但好久没来了，也有银行网点反映，他们一般在营销任务压力很重或为完成业务指标突击任务时，才会想到去社区搞几场活动。这些"运动式"的社区活动不是社区网格化营销体系的内涵。

银行社区网格化营销体系必定包含了社区活动，但社区活动的开办并不是社区网格化营销体系构建的全部。银行举办或参与的社区活动一般有公益活动、政策宣传类活动、应急管理处置类活动、社会和谐慰问类以及社区金融知识普及类活动等，这些活动的目标就是促进银行与社区、银行业务与社区事务深度融合发展，达到银行与社区相互促进、共同发展的目的。银行社区网格化营销体系之下的社区活动，绝不是为了搞活动而搞活动，而是网格化营销体系构建的必要方式。

认知误区三：银行社区网格化营销体系只适合发展零售业务

其一，不可否认，社区网格化营销体系是以零售业务为主，准确地说，应该是以零售业务和小微业务为主。由于社区主要服务于辖属的居民以及围绕社区的"衣、食、住、行、玩"等数量众多的小微经济体，所以，银行在与社区深度融合发展的过程中，零售业务和小微业务必定居多，特别是在我国的县域社区，零售业务和小微业务的占比会更高。

其二，从理论上讲，所有的行政事业单位、大中型企业、各类小微经济组织、各类专业市场和数量庞大的社区居民等都分布在城市社区里。而从银行营销的角度，对于较大的经济组织，一般采用公司业务营销为主；对于各类小微经济组织、各类专业市场和数量庞大的社区居民，零售业务和小微业务的金融需求更高。

其三，银行社区网格化营销体系是一个整体的营销体系，包含了银行的零售业务、小微业务和公司业务等，只有这样，才能满足社区和社区居民的金融需求。

其四，社区适合银行开展公私联动的综合营销活动。道理很简单，社区居民和社区内有关"衣、食、住、行、玩"等小微经济体的金融需求日益多元化，要求银行必须提供综合性的金融服务。

认知误区四：社区多，网点少，社区网格化营销无法全面覆盖

从数量上讲，社区是银行网点的几倍甚至十几倍，也就是说，一个银行网点要服务几个或十几个社区，乍一听确实忙不过来，其实不然。

首先，银行可以分步骤在社区推进社区网格化营销，特别是在方案实施初期，每个网点只对应2到3个社区，取得经验后再逐步铺开。

其次，社区网格化营销是以社区活动为切入点，社区举办的社区活动一般不会周周有，更不会天天有，银行网点可以调剂时间兼顾多个社区。

最后，银行本来就需要经常性开展外拓营销活动，社区网格化营销体系为银行外拓营销提供了确定的场所（社区或网格）、确定的客群（社区居民或小微经济体）、确定的方式（社区活动），外拓营销更加省时省力，服务效率更高，网点服务半径更大。

第五节　中小银行构建社区网格化营销体系障碍分析

社区网格化营销体系是以社区为中心，以社区活动为切入点，着眼于银行网点与社区、银行业务与社区事务深度融合发展的一种新型营销体系，这是一个拥有全新理念的体系，完全不同于以往的传统营销理念。中小银行在构建社区网格化营销体系时，存在理论指导、操作管理及营销方法等方面的障碍。

理论上"一知半解"

一是对社区支行有误解。观念上把社区网格化营销体系与社区支行混为一谈，把近几年社区支行的兴办由"热"转"冷"当作所谓的"前车之鉴"。

其实，早在2013年前国内银行业在引进"社区银行"概念时就存在较大的误解。国内银行业当时只要谈到"社区银行"，"富国银行"是必须挂在嘴边的，其实我们只看到了富国银行从美国西海岸的一家地方性银行，奇迹般地从近7000家美国法人银行中脱颖而出，兴起为全美第四大银行的荣耀，但没看到富国银行160多年来一直躬身于社区金融业务，为全美超过三分之一的家庭提供"小"业务服务的坚守。在利率市场化和互联网金融异军突起的大背景下，中小股份制银行为突破传统网点"最后一公里"短板，把发展"社区银行"作为银行传统物理网点渠道的延伸，利用当时监管空白的机会，纷纷在社区开设"自助设备+人"的简易型网点，直到中国银保监会2013年底出台文件，规范了社区支行的设立标准、申报程序、运营模式、高管报备等内容，社区支行的设立才走入正轨。

国内社区支行的设立，本意是为了更好地发展社区金融业务，服务小微经济和社区居民，但在2013年"一窝蜂"地大干快上之后，由于定位不清、考核不准、产品单一、成本高企等原因，社区支行经历了"热与冷"的转化。尽管如此，社区支行服务下沉社区、服务触达居民的思路是一次有益的尝试。

二是对体系构建不了解。社区网格化营销体系是一个系统工程，与社区支行在市场定位、运营管理等方面有着很大的区别：

其一，不需要在社区"遍地开花"式地设立银行网点。社区网格化营销体系立足于银行的现有网点，将银行网点的金融服务延伸到社区，就能满足社区与社区居民的金融需求。

其二，社区网格化营销体系提供全方位的金融服务，这与"社区支行"有限牌照区别很大，社区居民的接受程度更高。

其三，社区网格化营销体系致力于构建银行网点与社区、银行业务与社区事务深度融合发展，意在做深做透社区金融，与"蜻蜓点水"式的市场营销有着本质区别，深耕社区的营销效果更好。

三是片面夸大体系构建的难度。一方面，社区网格化营销体系是一个系统工程，银行内部需要配套的机制，包括总行战略思路的转变、运行机制的保障，还需要分支机构良好的理解力和执行力；外部需要社区的支持与配合、小微企业和社区居民的认可等，任何一个环节出现问题，效果都会大打折扣。另一方面，社区网格化营销体系凸显社区的作用和公益化特征，必将得到社区与社区居民的支持，片面夸大体系构建难度的想法也不可取。

理论上的"一知半解"，影响中小银行构建社区网格化营销体系的决策、长期坚守的决心以及推进过程中解决问题的信心。社区网格化营销体系是中小银行特色化经营的路径选择，是差异化竞争的战略转型，是应对国有大行服务下沉的竞争策略。中小银行构建社区网格化营销体系，需要从总行到分支行在构建的认知上统一思想，在执行上统一步调。

操作上"急于求成"

社区网格化营销体系是扎根社区，通过参与社区活动和网格化推进，形成银行与社区、银行业务与社区事务深度融合发展的营销体系，也就是说，期望社区网格化营销体系迅速出产能、出业绩的想法是不现实的。银行通过支持、参与社区举办的社区活动，通过社区金融服务社区居民，进而赢得社区与社区居民的认可，构筑起相互支持、共同发展的客户关系等，都需较长时间的积累。操作上"急于求成"主要表现在以下几点：

一是考核上不切实际地下达高指标。在高指标的压力之下，支行扎根社区开展营销活动的动作要么"变形"，要么"缩水"，甚至偏离社区金融服务的轨道，忽略社区营销的基础工作，"逼迫"支行"吃快食"，去追求"短平快"的业务，违背了社区网格化营销体系的构建初衷。

二是指标上不切实际地追求高增速。不顾支行的成长性，一味地追求指标的高增速，有些甚至作为网点"撤、并、转"的关键考核点。压力之下，市场营销的节奏被打乱，社区活动"变形"，并传导到客户当中，带来客户消极的体验感。

三是经营上片面追求高经济效益。社区金融业务主要以零售业务、小微业务为主，经济效益的增长需要业务量的增加和时间的积累，期望短时间内实现较高盈利是不现实的。

操作上的"急于求成"，体现在中小银行战略定力不够、短期化现象突出等方面的问题。社区网格化营销体系是一个长期的战略，不仅短期内见效不会明显，而且在推进过程中，还会受外部经济环境、同业竞争策略、基层网点的理解力与执行力等多种因素的影响，有可能出现各种问题。如果战略定力不够，在短期效果不明显的情况下，中小银行容易放弃既定战略而导致失败。

方法上"简单粗犷"

社区网格化营销体系主要的营销方式是"社区活动+网格化推进"，有计划、有步骤地开展营销活动，可以保证活动的连续性和一致性。简单粗暴的营销方法达不到应有的效果，反而会影响中小银行在社区中的服务形象。

一是开展突击性营销行动，让社区居民反感。为突击完成某个指标，银行在线上或线下频繁举行营销活动，反复邀约客户，容易造成客户的普遍反感。而当"突击性"任务完成或过了银行考核的时间节点后，营销活动频次陡降，给人以"饥一顿饱一顿"的感觉，客户的体验感欠佳。

二是产品推销的"痕迹"过于明显。比如，为了完成保险代销任务，有些银行员工向没有保险需求的客户千方百计推介保险产品，形成存款保单化现象；或者面对基金投资知识缺乏、基金投资风险承受力不高的客户群体，为完成基金销售量或基金定投客户数指标，"引导"该类客户投资基金产品，影响客户的体验感和银行服务形象。

方法上的"简单粗犷"，反映分支行在执行层面的理论理解不全面与不透彻，进而影响执行上的偏差。分支行执行层面上的执行偏差，影响客户的体验感，进而直接影响市场营销活动效果与银行服务品牌形象，还可能影响社区网格化营销体系构建的顺利推进。因此，有必要督促执行层面及时纠正执行偏差。

第六节 社区网格化营销体系的广泛适应性

需要说明的是，笔者在本书探索的社区网格化营销体系，是将银行作为一个法人整体来考虑构建的，而不是单个分支机构甚至单个网点，只有整体构建，才能产生经营上的规模效益与服务上的品牌效应。单个分支机构甚至单个网点开展社区网格化营销，不在本书探索范围内。

基于此，中小银行构建社区网格化营销体系，需要满足两个基本条件：一是在城市或农村有一定数量的物理网点。这些物理网点能起到辐射网点周边社区的作用；二是经营范围主要在本土，比如在省/直辖市/自治区，或者某个地级市或县级市等。

根据这个标准，微众银行、网商银行等基于互联网金融产生的中小银行首先被排除在外；其次，19家民营银行由于成立时间短，物理网点太少，线下服务社区的数量与范围太小，也被排除在外；再次，少数中小银行，主要是指12家全国性股份制银行和部分头部城市商业银行，在本土之外设立的机构，由于在异地经营的网点过少，其本土之外的经营机构亦可以排除在外。以城商行北京银行为例。北京银行在北京地区的网点总计262个，员工总计7863人（2017年底数据，下同），是其本土"大本营"，而在北京市以外的其他地区，如天津、上海、西安、深圳、杭州、长沙、南京、济南、南昌、石家庄、乌鲁木齐等十余个中心城市设立网点合计355个，员工合计6670人。因此，北京银行在北京市之外的省市并不适应社区网格化营销体系。

社区网格化营销体系适应大多数中小银行。

一是省一级的中小银行。专注本土，在全省/直辖市/自治区设立网点，有总（分）支的管理架构。大部分区域性的城商行、农商行都符合，如湖北银行、四川银行、江西银行等，由于网点遍布全省，存在规模效应，构建社区网格化营销体系效果更佳。

二是地级市或县级市的中小银行。这类中小银行数量最多，主要是省/直辖市/自治区下辖的地级市或县级市农村商业银行，一般是法人机构，在当地城乡网点较多，符合社区网格化营销体系的构建条件。

三是正在组建的省级农商行。近年来，省级农信系统掀起改革大潮，2022年4月，银保监会批复同意浙江农商联合银行开业，这是全国省联社改革"第一单"，此后，浙江、河南、辽宁、甘肃、四川、山西、海南等七个省提出了省联社改革方案。新成立或未来即将组建的省级农商行，由于吸收合并了省内众多银行网点，亦符合社区网格化营销体系的构建条件。

四是合并重组的城商行。为防范化解金融风险，近二十年来，中小城商行重组案例层出不穷。2005年合肥市商业银行吸收合并安徽省内的五家城商行、七家城市信用社重组为徽商银行；2014年12月中原银行诞生于合并重组河南省十三家地方性城商行，2022年5月，中原银行吸收合并洛阳银行、平顶山银行、焦作中旅银行，成立新的中原银行。截至2022年9月底，全国已经有二十多家城商行完成合并重组。从监管部门的表态和中小城商行风险化解的角度看，城商行合并重组、转型升级将成主流。

不论是未来新设的省级农商行，还是未来合并重组的城商行，既然是新的银行，必定会有新的经营与管理思路。构建社区网格化营销体系，有利于新的银行从"新"开始。

由于社区网格化营销体系根植于社区，以社区为运行"底盘"，所以从银行同业竞争的视角看，社区本身实际上也成为了银行的营销资源。在一个省/直辖市/自治区或一个地级市、县级市，这个体系一般只适宜一两家中小银行运行，否则有可能陷入无序竞争的状态，先行者将占据先发优势。

第七节　社区网格化营销体系的未来延展性

社区网格化营销体系是中小银行面对市场变化和同业竞争的应对举措，也是立足社区、深耕社区的生存之道。并且，由于社区网格化营销体系着眼于银社深度融合发展，凸显社区公益性特征，其落地社区实施后，未来还可能在多个方面获得较大的延伸发展空间。

填补社区金融服务功能不足

社区是我国城镇最基层的管理单元，是城镇社区治理的基础，承担了很多社会治理职能，包括社区事务管理、社区事务服务、社会保障、教育培训、应急维稳等，但社区金融服务职能明显不足。

比如，近年来电信诈骗已成为社会公害，国家也加大了对电信诈骗的打击力度，社区作为社区居民的自治服务组织，承担起了宣传教育反电信诈骗知识，防范化解电信诈骗风险等工作，社区工作人员本来就人少、事多、事杂，工作成效亦打折扣。

中小银行金融服务进社区的合作目标就是补齐金融服务短板，共建金融安全社区，促进银社深度融合发展。中小银行构建社区网格化营销体系，可在以下方面强化社区金融服务，弥补社区金融服务功能的不足。

一是党建共联共建。银行网点与社区党支部建立互联互通的关系，共同推动银行服务下沉社区；加强与社区党总支、网格党支部和楼栋党小组的互动，横向联系驻社区单位党组织和在职党员，形成组织共建、活动共联、资源共享的工作机制，起到党建引领的作用。

二是服务功能延伸到社区。为社区居民提供金融知识宣讲、金融业务咨询、非现金业务办理等金融服务，方便社区居民足不出社区就能享受到便利的金融服务。

三是金融风险知识宣讲培训。经常性地在社区居民中普及金融知识，提供反电信诈骗、反非法集资、人民币真假识别、个人/企业征信等金融风险知识培训，构筑金融风险防火墙。

四是成为社区居民心目中的首选银行。中小银行经常性地开展线下业务宣传、营销活动，线上提供业务咨询和风险案例讲解等服务，满足社区居民在存贷款、资金理财、支付结算、反电信诈骗等方面的金融需求，成为社区居民的首选银行。

对接社区网格化信息管理平台

社区网格化管理信息平台是社区信息化、数字化管理平台，内含各种信息平台，如基础数据平台、社情民意平台、督办督查服务办事平台、指挥中心平台、考核评比平台、系统管理平台等，每个管理平台又细分出多个功能模块，比如，基础数据平台包含地图信息、小区信息、楼栋信息、房屋信息、人口信息、单位门店信息、校园信息、党建信息以及统计分析等模块信息。通过管理平台，电子地图、楼栋位置、人员信息等均实现了信息化、智能化，极大地提高了管理效率。

中小银行构建社区网格化营销体系，可以借助社区网格化信息管理平台，熟悉网格小区内居民与小微经济体的分布情况，了解社区居民和中小微企业的资金需求信息，评估中小微企业的非财务信用状况等，实现对客户多角度的了解。如果在社区网格化信息管理平台增加金融信息平台或功能模块，可更加方便社区居民咨询金融业务，提升社区金融服务水平。

争取街道或更高一级政府部门的支持

中小银行构建社区网格化营销体系，业务扎根社区，营销下沉社区，与社区治理、城市建设相向而行，既能实现经营业绩、服务形象的双提升，也必将得到社区管理部门及政府的支持。

一是提升社区金融服务水平。社区网格化营销体系是将银行网点的服务功能延伸到社区，让社区居民足不出社区就能享受到便利快捷的金融服务；开展线上宣讲、线上咨询等活动，为社区居民释疑解惑，增值保值社区居民的财富。

二是构筑社区金融风险"防火墙"。社区网格化营销体系通过教育培训，提高社区居民金融风险意识，并结合金融风险案例，提高社区居民的金融风险防控能力。比如，当前电信诈骗犯罪形势严峻，反电信诈骗任重道远。中小银行扎根社区，在社区内宣传电信诈骗典型手法识别及应对措施，宣传银行卡信息保护的必要性、买卖出借银行卡的危害性及惩戒措施等相关防诈骗知识，教会社区居民下载使用国家反诈中心App，与社区共同构筑起金融风险防火墙。

三是支持社区公益活动及其他社区活动。社区网格化营销体系以社区活动为"切入点",构建银行与社区、银行业务与社区事务深度融合发展的新型客户关系。社区在履行其社会治理职能时,社区活动是常用的管理方式。中小银行在人力、物力、财力上支持社区举办的公益活动及其他社区活动,承担社会责任,树立良好的服务品牌。

四是直接或间接支持社区在城市化进程中的资金需求。在城市化进程中,国家推进在社区配建便民商业服务项目,规划建设社区综合服务设施,建设社区公共活动场地和公共绿地以及推进社区宜居改造等。这当中,需要大量资金投入老旧小区的改造升级、社区配套设施建设、智慧社区的建设与运营等方面,其中既有大的项目资金投入,也有众多的小微资金需求。中小银行通过投放贷款,满足中小微企业在开店加盟、扩大业务、升级改造、设备采购、货源储备等方面的资金需求,发放社区居民在购房、购车、教育、旅游等方面的消费贷款,为社区的城市化建设进程贡献力量。

中小银行构建社区网格化营销体系,为社区带来金融服务水平的整体提升,为社区居民构筑起一道"无形"的风险屏障,通过支持社区公益活动和社区居民及中小微经济体的资金需求,在社区乃至当地社会树立良好的公益形象,使自身成为社区居民的首选银行。上述四个方面的作用,既是中小银行履行社会责任的体现,也是政府一直倡导的城市社会治理的方向,既能得到社区的认可,也必将得到上级政府的支持。

促进新产品与服务的开发

中小银行社区网格化营销体系是以社区为中心，下沉社区、扎根社区，在网格化推进市场营销过程中，能更加准确地了解客户的需求以及同业的竞争策略，有利于推出贴近市场、贴近客户的产品与服务。

比如，近几年"新市民"一词热度大增。根据2022年3月中国银保监会、中国人民银行联合发布的《关于加强新市民金融服务工作的通知》，"新市民"，是指因本人创业就业、子女上学、投靠子女等原因来到城镇常住，未获得当地户籍或获得当地户籍不满三年的各类群体，包括但不限于进城务工人员、新就业大中专毕业生等。目前全国"新市民"人口数量在3亿左右，其中近90%为外来务工人员。

"新市民"这一群体，是我国城市建设的生力军，是构成城镇户籍人口而不是常住人口的"主力军"，也已经成为当前城市新经济、新消费中不可或缺的新力量。

不管是哪种类型的"新市民"，都无一例外地分布在城市社区中。中小银行在推行社区网格化营销体系的过程中，可以更全面了解"新市民"的年龄结构、收入及信用状况，了解群体在理财、保险、信用卡、住房贷款、教育培训贷款、消费贷款、个人投资经营贷款、金融投资教育及其他方面的金融需求，从而有利于银行针对性开发金融产品与服务，实现银行与"新市民"的双赢发展。

延伸扩展到农村乡镇

虽然笔者在本书探索的主要范围是城市社区，但社区网格化营销体系的营销理念、运行机制、运营模式等,同样适用于农村社区。广大农村是金融"蓝海",不仅人口基数大,金融需求量大,而且金融机构少,同业竞争少,金融服务水平较低,亟须完善金融服务功能,提高金融服务的广度与深度。中小银行在取得城市社区的网格化营销运营管理经验后,可以扩大应用范围,将社区网格化营销体系运用到农村乡镇社区,惠及农村经济与农村客群,提升银行自身经营效益。

第六章
中小银行社区网格化营销体系构建策略

第一节 社区网格化营销体系构建要素

社区网格化营销不只是银行在社区开展几场营销活动这么简单，而是要通过体系构建，实现银行与社区、银行业务与社区事务深度融合发展，因此，社区网格化营销体系是一个系统工程，既需要总行定方向、给政策，也需要分支机构增强理解、强化执行。

策略：扎根社区

中小银行基础客群薄弱，既源于成立时间短，客群基础先天不足；也来自持续经营过程中，同质化的战略思路不清晰，"千人一面"的品牌效应不明显，导致基础客群拓展乏力；还来自国有大行服务下沉、数字化转型和金融科技赋能，加剧了在普惠金融、消费贷款、理财市场、智能服务等方面的同业竞争，特别是在普惠金融、消费贷款等中小银行传统的"主战场"，国有大行服务下沉的逐步"蚕食"与消金公司业务更下沉的"攻城掠地"，挤压中小银行的发展空间，导致中小银行的基础客群不断流失。

基础客群是银行业务发展的基础保证，是银行利润增长的主要来源，是提升银行核心竞争力的有力保障。薄弱的基础客群，拖累中小银行业务发展、利润增长、科技投入、品牌建设等，甚至危及银行生存。因此，基础客群应该成为中小银行经营转型首要考虑因素和目标。

同业竞争加剧了中小银行的发展压力。大多数中小银行成立于地方，成立之初，本来就是肩负着"服务地方经济、服务小微企业、服务城乡居民"的任务，基于战略、品牌、科技、客群等方面的差异与国有大行展开错位竞争，社区中小微和社区居民的金融业务是中小银行的传统业务领域。然而，近年来在国家的大力推动和监管部门的政策引导下，国有大行服务不断下沉，通过数字化转型和科技赋能加速对中小微和长尾客户的"渗透"；同业消费金融子公司以低门槛、高效率的优势，批量"收割"以往传统金融难以覆盖的客群；同业理财子公司以专业化运作模式，通过高收益资产配置手段，"挖掘"中高端优质客群。同业在中小银行传统领域的下沉竞争，加大了中小银行的发展压力甚至生存压力。

社区是中小银行的"根据地"。社区人口基数大，一般有几千、几万甚至十几万人，加上围绕社区"衣、食、住、行、玩"等数量众多的中小微企业，这些都是银行基础客群的主要来源，可以说，社区是银行基础客群的"富集地"；社区的金融需求具有小额、多层次、非标准化等特点，与国有大行批量化营销、标准化作业相比，社区金融更适合中小银行的业务特点和服务方式；中小银行在社区具有人缘亲、地缘熟等特有的优势，在社区金融业务上拥有决策链条短、响应速度快的竞争手段，避开了与国有大行在大项目、大客户、大投入等方面的竞争短板与劣势，让中小银行获得更多的竞争优势。中小银行本来生长于地方、服务于地方、成长于地方，中小银行把社区视为业务稳健发展的"根据地"，必须从战略上重视社区。

中小银行扎根社区，是应对国有大行服务下沉的正确举措，也是中小银行夯实基础客群和回归本源的迫切需要，更是特色化经营的路径选择。

其一，业务下沉社区。总行在战略上重视社区，把扎根社区作为战略决策，指导全行业务进社区、服务进社区，把社区当作中小银行业务发展的"根据地"，通过做深、做透社区金融，实现客群基础夯实、业务稳健增长的目标。

其二，整合营销力量。总行协调零售、小微、公司等营销条线以及风险、运营、品牌、党建等后台支撑部门的力量，支持总行扎根社区的战略决策。分支行及网点作为执行机构，深刻领会总行战略意图，强化执行能力。全行上下同频共振，"同唱一首歌"。

其三，政策适当倾斜。总行在人力、物力、财力上适当倾斜，支持执行层面的分支机构战略转向；在网点建设上适当增加或调整，以适应社区布局；在考核上适当调整考核指标与权重，以凸显总行战略导向。

其四，快速响应机制。总行各条线和部门作为战略决策的指导单位，需要建立快速响应机制，及时处理分支行在执行过程中的各种问题，排除影响执行力的各种障碍；及时总结分支行的优秀做法与范例，指导分支行平衡发展。

品牌：凸显公益

品牌是银行综合实力的体现。国有大行有国家信用做背景，有业务规模、客群规模、网点规模、人员规模等规模效应做后盾，有服务能力、创新能力、投顾能力、科研能力等软实力做支撑，在业务发展中注意培育品牌价值，在品牌价值的培育中促进业务发展，形成良好的品牌效应。反观中小银行，品牌建设任重道远。随着打破刚兑、存款保险制度推出以及人们的金融安全意识的日益提高，品牌对业务发展的支撑作用越来越大。近几年发生的金融风险事件基本上集中在中小银行，给中小银行的品牌形象建设敲响了警钟。

中小银行特别是地方法人银行，实际上是城乡社区金融服务的"天然"提供者，但却缺乏应有的品牌效应。原因一是品牌形象雷同。不但品牌定位"千人一面"，而且，产品与服务缺乏差异性，没有体现特色；二是品牌意识不强。很多中小银行并没有做深做透本地市场，产品与服务高度同质化，客群规模、业务规模、网点规模等规模效应不突出，带动不了品牌效应的提升；三是没有健全的机制。很多中小银行在服务当地中小微和社区居民时，没有提出服务愿景，没有配套的营销体系，也没有评价机制和考核机制等，在当地不能形成良好的品牌形象。

品牌形象只有独具个性和特色，才能吸引社会公众。

社区为履行众多的社会治理职责，必须开展各类社区活动，其中，体现社会关爱的慰问扶助弱势群体的公益活动是基本的社区活动之一，中小银行的品牌形象建设机会就蕴含在其中。与部分大银行设立慈善基金会或者支持专项公益等方式不同，中小银行通过慰问扶助弱势群体路径参与的社区公益活动，具有"小众高频、感受直观"的特点。"小众高频"是指活动金额不大或所需物质不多，但公益的次数较多；"感受直观"是指活动组织者与参与者均能直观地感受到公益活动带来的体现社会和谐的正义、正气和正能量。

此外，中小银行利用自身金融专业优势，还可以通过另外两个路径开展社区公益活动。一是普及金融知识。针对社区居民金融知识匮乏的现状，中小银行在社区广泛开展金融知识培训，比如有关借记卡、存贷款利率及计息、理财、便捷支付、信用卡、贷款等基本的金融知识；二是构建金融安全屏障。为社区居民提供反电信诈骗、反非法集资、反洗钱、人民币真假识别、个人/企业征信等金融风险知识培训，提高全民抗风险意识和抗风险能力，建立金融安全屏障。

中小银行积极参与社区公益活动，着力打造公益服务品牌，凸显公益品牌形象。

其一，媒体报道扩大品牌影响力。与以往"零敲碎打"式的参与社区公益活动不同的是，社区网格化营销体系是以社区为中心，以社区活动为切入点，中小银行参与社区公益活动，明显增加公益活动参与的频度、广度和深度，具有很好的提升品牌形象的作用。公益活动需要媒体彰显，需要广泛传播正能量，通过加强媒体沟通，畅通媒体传播渠道，扩大中小银行公益品牌影响力。

其二，长久坚持提升品牌影响力。社区网格化营销体系是一个长期战略，因此，中小银行参加社区公益活动也是长期的。只有长期性的参与，才能真正获得公众的认可与支持。可以想象，中小银行总行下辖每个分支行和经营网点，每年每季度都参加社区公益活动，广泛参与、长久坚持累计下来的品牌效应将是巨大的。

执行：网格推进

社区网格化管理是我国基层社会治理的重大实践创新。基于社区网格化管理的突出作用，一些大的行业机构直接"复制并将其应用于自身实践",银行业监管部门也予以积极监管引导。

其一,监管部门政策"引导"。监管部门也在引导银行业推行社区网格化管理,如中国人民银行总行自2020年以来,部署银行业建成整治拒收现金网格化管理工作机制,人行长沙中心支行2022年9月份下发了《关于进一步强化现金服务的通知》(长银货金〔2022〕29号),明确要求"进一步推进网格单元对接基层社区,主动落实整治拒收现金宣讲、摸排、线索核实工作"。

其二,大公司"示范"。网格化管理已成为我国众多大行业机构的一个营销战略手段,城市行政管理、邮政快递、IT行业、快消行业等都在实行网格化管理。同样,同业竞争十分激烈的银行业,应顺应发展趋势,抢占社区阵地,推进格化营销体系的落地,实现业务的可持续发展。

中小银行社区网格化营销体系的产生,既是应对国有大行服务下沉的正确举措,也是夯实基础客群和回归本源的迫切需要,更是特色化经营的路径选择。

网格推进就是在社区的支持下,银行业务营销活动在社区及其服务的网格小区内有计划地推进。区别于以往的市场营销模式,社区网格化营销体系是以社区为中心,扎根社区、深耕社区,网格推进是在目标客群明确、营销路径明确下的营销模式,实现银行业务营销活动连续性的开展。

其一,增长基础客群。中小银行基础客群薄弱,拖累各项业务的发展和利润的增长,是影响其核心竞争力的提升甚至生存的首要问题。社区人口基数大,是银行基础客群的主要来源,网格推进的首要目标是基础客群的增长。

其二，延伸柜台服务。推进除了现金业务以外的柜台业务进社区，为社区居民和中小微企业提供借记卡开卡、手机银行下载使用、理财产品的选购、信用卡、企业开户、中小微及个人贷款资料收集等服务，让居民足不出社区也能享受到便利的金融服务。

其三，构建安全屏障。中小银行发挥金融专业领域的优势，线上线下常态化在社区居民中普及金融知识，提供反电信诈骗、反民间非法集资、反洗钱、人民币真假识别、个人/企业征信等金融风险知识培训，在社区构建金融安全屏障。

其四，成为首选银行。中小银行通过业务营销活动的网格化推进，为社区居民普及金融知识，延伸柜台服务，提供便捷的金融服务，培训金融风险防范技能，为社区构建金融安全屏障；加上积极参与社区公益活动，提升自身公益品牌服务形象，必将成为社区与社区居民的首选银行。

管理：流程固化

社区网格化营销这个概念在前几年也曾出现过，部分中小银行特别是法人机构的农商银行曾经尝试过类似的营销方式，但终因决心不大、认知错误、执行不力等种种原因，大都失败了。然而，究其根本原因，乃是没有成体系的构建，比如没有扎根社区的战略决策，没有开展社区公益活动的战略规划，没有社区网格化推进的强力措施等。

社区网格化营销体系是中小银行应对同业竞争、提升自身竞争能力的策略，是特色化经营转型的路径选择。弥补了以往营销模式的缺陷，是一个全新的营销体系。既然是新鲜事物，就需要全过程加强管理，固化流程，从这个意义上讲，加强对社区网格化营销体系从调研决策到落地实施全过程的管理，既是扶正纠偏，也是呵护支持。

思想要统一。中小银行总行在战略决策上要结合自身经营特点，通盘考虑社区网格化营销体系构建的可行性、必要性与紧迫性；要协调零售、小微、公司等营销条线以及风险、运营、品牌、党建等后台支撑部门的力量，支持总行扎根社区的战略决策，把全行的思想统一到体系构建的战略转型上面。

理论要讲透。社区网格化营销体系的构建是一个重大的战略转型，需要从构建的可行性、必要性与紧迫性等方面讲清道理，让全行深刻领会战略意图，特别是执行层面的分支行，必须知晓构建理论，熟悉构建流程，紧跟总行"指挥棒"，从而在执行过程中，少走弯路，不打"退堂鼓"，提高执行能力。

氛围要热烈。氛围管理是一种良好的管理方法，是指在团队中营造积极思进、迎难而上、自我加压、主动作为的工作氛围。社区网格化营销体系实施，毕竟是首次开展的全新的营销模式，没有过往经验可以借鉴，所以既需要高歌猛进时的呐喊助威，也需要遭遇挫折时的鼓劲加油，保持良好、持久的营销氛围是成功构建的重要保障。

过程要盯紧。社区网格化营销体系的构建是一个系统工程，需要加强过程管理。一是盯构建进度。紧盯分支行营销进社区的时间进度，活动场次完成情况等；二是盯问题反馈。对于在执行过程中分支行反映的问题，必须紧盯问题的响应速度、问题的解决效率等，为分支行排忧解难；三是盯活动开展。紧盯分支行社区网格化营销活动的开办场次、参会人数、活动主题、活动效果等；四是盯协调管理。紧盯总行各部门之间对分支行的协调赋能,紧盯总行各部门与分支行的上下联动情况等;五是盯营销业绩。紧盯分支行的营销业绩,分析业绩好坏背后的原因,总结好的经验全行推广,平衡分支行的发展。

结果要考核。主要是一方面考核总行各部门对分支行的指导赋能,另一方面考核分支行执行总行决策的响应态度、推进过程、营销业绩及工作总结等,以便总行与分支行总结经验,有利于构建进程的完善与推动。

第二节 社区画像

社区网格化营销体系在分支行落地实施的第一步就是社区画像。即从银行市场营销的角度，调查经营网点周边社区的金融营销资源，调研落地实施的可行性与路径选择。从这个意义上讲，社区画像的过程实际上就是储备营销资源的过程。

社区画像的目的

一是了解社区客户资源情况。社区客群是中小银行社区网格化营销的首要目标，这些客群主要包括社区居民、驻社区行政事业单位、中小微企业及驻社区的社会组织等。摸清社区客群基本情况，有利于中小银行采取个性化、特色化的营销策略，提升营销效率，这是社区画像的主要目的。

二是了解银行同业在社区的营销情况。调查了解社区周边同业网点布局及同业对社区的营销渗透情况，包括同业与社区的合作、同业的主要营销方式、营销主打产品以及社区居民与同业的业务合作情况等。了解同业这些情况，有利于中小银行做到知己知彼，采取针对性的营销策略。

三是了解社区的银社合作意向。社区与银行的合作意向是中小银行开展社区网格化营销的前提，也是成败的关键。

社区画像的维度

社区是行政事业单位、企业、社会团体和社区居民等多元化的综合体，都是银行市场营销的目标客群和营销资源，所以，社区画像实际上就是从几个维度"粗线条"地勾画社区营销资源。

一是社区人口情况。包括常住人口、流动人口数量以及人口结构的组成，比如是否有学校、行政单位、大中型企业等。社区人口是银行基础客群的主要来源，也是营销的首要目标，这是社区画像的重点。

二是社区服务机构情况。包括社区专职人员配备数量、内设机构或内设岗位、社区运作模式以及社区经费收支情况等。

三是社区周边同业情况。了解社区周边同业网点布局的情况，包括同业网点数量、同业与社区的合作等。

四是驻社区行政事业单位情况。了解这些行政事业单位结算开户、工资代发、信贷需求等情况。

五是社区中小微企业经营情况。调查围绕社区"衣、食、住、行、玩"等中小微企业的数量及经营情况，调查有没有大型商超或有影响力的商业，为下一步建立社区金融生态圈、打造社区异业联盟等摸清"家底"。

六是社区网格小区情况。了解社区下辖网格小区数量，了解网格小区的结构与特点，如是不是行政事业单位、大中型企业的居住小区？小区的人口是否老年人居多？了解网格小区的情况，为网格推进、精准营销做准备。

七是社区志愿者入驻情况。社区一般有相当数量的协会或志愿者入驻，这些既是银行基础客群的营销目标，同时也是银行市场营销活动的合作对象。

社区画像的步骤

首先，走访社区负责人。了解社区的基本情况，包括社区服务范围、社区服务机构情况、社区网格小区划分、社区人口、驻社区内行政事业单位和企业等分布情况。

其次，走访驻社区内的单位。包括驻社区的行政事业单位、企业、专业市场等，了解这些机构的基本情况及与银行合作情况。

再次，摸底社区网格情况。了解网格小区人口数量、人口结构及主要特征等，可以借此机会开展社区居民金融服务满意度调查（范例附后），以此了解居民的金融业务偏好、同业对社区的业务渗透等情况。

最后，绘制社区营销地图。以地图或图表的形式，标注社区内重点目标客户及营销策略。

通过社区画像，中小银行对经营网点周边所在的社区逐一盘点，做到心中有数，为下一步社区遴选提供依据。

案例1

社区居民金融服务满意度调查

尊敬的女士，先生：

您好！为了使银行的产品和服务更好地满足您的需求，我们开展了此次调查活动以了解客户对银行的满意程度，非常感谢您的支持，您的回答对我们非常重要！同时我们郑重承诺，对于问卷涉及的信息将严格保密！

1. 您的性别?

   A. 男

   B. 女

2. 您的年龄?

   A. 18-29 岁

   B. 30-44 岁

   C. 45-59 岁

   D. 60-69 岁

   E. 70 岁及以上

3. 您一般在在哪家银行办理业务?

   A. 中国银行

   B. 农业银行

   C. 工商银行

   D. 建设银行

   E. 长沙银行

   F. 农商银行

   G. 其他_____

4. 您对目前这家银行整体满意度?

   A. 非常满意

   B. 基本满意

C. 一般

D. 不满意

5. 您平时去银行的频次？

　　A. 每月3-4次

　　B. 每月1-2次

　　C. 每季度1-2次

　　D. 半年一次

　　E. 基本不去

6. 您一般选择何种方式办理银行业务？

　　A. 柜台

　　B. 自助设备

　　C. 网上银行

　　D. 手机银行

　　E. 其他 _____

7. 您去银行通常办理什么业务？

　　A. 存取款

　　B. 转账

　　C. 缴费

　　D. 理财、业务

　　E. 基金、保险业务

F. 贷款业务

G. 其他_____

8. 您最喜欢的银行产品?

A. 定期存款

B. 理财、信托产品

C. 基金

D. 保险

E. 手机银行/网上银行

9. 您是否参加过银行组织的线下活动？（如讲座、客户回馈活动等）

A. 从不

B. 偶尔

C. 经常

10. 选择一家银行您最看重的是?

A. 位置和便利程度

B. 银行知名度、品牌形象等

C. 排队等候时间、业务办理速度

D. 工作人员专业水平

E. 工作人员服务态度

F. 产品丰富程度

G. 营业网点分布、办理业务便捷程度

11. 您认为银行业务应当怎样改进才能更符合您的要求？

_____

_____

_____

表6.1

社区画像之一：××社区基本情况摸底表

社区名称	
社区地址	
社区服务区域	
管辖街道	
社区关键联系人	
社区专职人数	
社区人口数量	包含常住人口、流动人口
社区网格数量	
社区中小微描述	中小微数量及结构、主要的经济特征
社区协会描述	入驻的协会名称、人数，志愿者人数等
社区微信群描述	主要的微信群体，包含微信名称、人数、用途等
社区合作意向	

表6.2

社区画像之二：××网格小区基本情况摸底表

网格小区名称	
小区地址	
管辖社区	
网格定位	居民型/商业型/企业型
小区管理	包括物业、业主委员会、关键联系人等
小区客群描述	包含常住人口、流动人口，以及人口结构等
小区中小微描述	中小微数量及结构、主要的经济特征
小区微信群描述	主要的微信群体，包含微信名称、人数、用途等
其他	

第三节　社区遴选

社区网格化营销体系对于银行与社区而言，都是一个不同于以往的新型合作模式，都需要时间去熟悉流程和协作磨合。社区网格化营销体系实施初期，在模式运作没有既往经验的情况下，切忌为抢占社区资源而不切实际地覆盖周边全部社区，服务跟不上，只会让社区和社区居民体验感不好，结果适得其反。

在社区画像的基础上遴选社区，可以避免遴选的盲目性。遴选合作社区的前提是，社区必须要有良好的合作意向。

根据经营网点的特点，遴选社区可以考虑以下几个优先项：

一是人口基数大的社区。中小银行亟须夯实基础客群，提升竞争能力。社区人口多，银行基础客群营销的来源就多，产品与服务营销的机会也多。

二是有行政事业单位或大中型企业的网格小区。道理很简单，中小银行在代发工资、代收代付等源头市场无法获取的这些客群，运用末端营销理论，可以在社区这个末端市场再次开展市场营销活动，通过营销与服务，获取客户资源。

三是辖区内有高端网格小区的社区。高端网格小区客户资源相对较好，银行业务贡献度较高，成为银行同业必争之地。

四是中小微经济活跃的社区。一般是有运营时间较长的专业市场，如建材、服装、农贸、水果等，适合开展普惠金融业务及零售产品的营销。

此外，有些社区只能暂缓合作，比如，社情比较复杂的社区、租户较多或安置小区的社区、"老、破、旧"的社区以及常住人口过少的社区等。

一般而言，在社区网格化营销体系实施的第一年，每个经营网点以对应服务周边2—3个社区为宜，以后逐年增加，直至覆盖所有社区。

表6.3

社区遴选推荐表

社区名称	社区定位	客群情况	推荐理由
A社区	居民型	成熟社区，曾多次获国家、省、市荣誉称号，包括3680户，常住人口9620人，12个网格，其中有老市政府住宅小区、某省属企业家属小区等网格。	社区富有影响力，合作有号召力，几个住宅小区是银行争相营销而难以进入的目标。
B社区	居民型	成熟社区，常住人口3.5万人，有一所高中学校，社区账户存款超4000万元。	可以营销对公开户、对公存款和智慧校园业务。
C社区	商业型	商业步行街，城市商业集中区，主要是服装、餐饮等小微商户，有900多户。	商业集中区。可以叙作普惠金融、零售业务及对公开户结算等。
D社区	企业型	包含中型国企，常住人口2.2万人。	叙作对公业务及代发工资等零售业务。

第四节　银行与社区签订合作协议

在以往类似的银行进社区活动中，银行与社区一般没有签订合作协议，银行没有旗帜鲜明地提出合作目标，社区也没有表达合作意向。社区网格化营销体系是以社区为中心，以社区活动为切入点，着眼银行与社区、银行业务与社区事务深度融合发展的新型营销体系。签订合作协议，是中小银行社区网格化营销体系与以往类似的银行市场营销模式最大的区别，意在规范双方在合作目标、社区活动、融合发展等方面的行为，有利于银行和社区的长远发展。

签订合作协议前的沟通要点

签订合作协议，必须建立在双方充分沟通、相互了解的基础上，否则执行效果会很差。在对接社区与社区负责人交流沟通时，中小银行需要把握几个沟通要点。

其一，延伸银行柜台服务。金融服务进社区，是将银行柜台业务延伸到社区，让小区居民足不出户也能享受便捷的银行服务；为社区居民提供多样化、差别化的金融服务，惠及社区居民；普及金融知识，提高居民理财能力，保值增值居民财富。

其二，建立金融安全屏障。金融服务进社区，为社区居民提供反电信网络诈骗、反民间非法集资等金融风险知识的培训，提高社区居民金融安全意识与金融风险防控水平，为社区居民建立金融安全屏障，与社区共建金融安全社区。

其三，积极支持社区活动。金融服务进社区，积极参与社区活动，并提供力所能及的人力、物力、财力支持，让社区活动更丰富、更高效。

其四，深度融合发展。金融服务进社区，构建银行与社区、银行业务与社区事务深度融合发展的创新模式，这是相互促进、共同发展的模式，是长期而不是短期的模式。

上述四个沟通要点，切中社区的短板与需求，注重合作的长期性，提升合作的可行性，有利于银社合作双方优势互补、共同发展。

案例2

金融服务进社区合作协议（参考模板）

甲方：××区××街道××社区

乙方：××银行××分行××支行

为更好地方便社区居民办理金融业务，提高社区金融服务水平，经甲乙双方充分协商，达成一致协议。

一、合作目标

第一条 补齐金融服务短板。甲方支持乙方金融服务进社区,支持乙方将银行网点服务功能延伸到社区,为社区居民提供金融知识宣讲、金融业务咨询、非现金业务办理等金融服务,方便社区居民足不出社区就能享受到乙方的金融服务,提高社区居民的获得感,以此改变以往社区无金融服务的局面。

第二条 共建金融安全社区。乙方协助甲方在社区居民中普及金融知识,提供反电信网络诈骗、反民间非法集资、反洗钱、人民币真假识别、个人/企业征信等金融风险知识培训,在社区构建金融风险屏障,共同建立金融安全社区。

第三条 银社深度融合发展。甲乙双方着眼长远,整合资源,优势互补,不断探索合作新机制,构建银行与社区、银行业务与社区事务深度融合发展新模式。

二、社区活动

第四条 积极支持。乙方发挥金融专业优势,从人力、物力、财力上为甲方主导的社区活动提供力所能及的支持。乙方参与的活动每月不少于×次,其中,全年参与的慰问社区弱势群体公益活动不少于×次。

第五条 沟通机制。甲方每月初将本月社区活动计划告知乙方,包括活动主题、活动时间、活动地点、参与人数等,需要乙方协助的社区活动,甲方必须提前×个工作日与乙方协商。涉及金融专业领域的社区活动,如反电信网络诈骗、反民间非法集资等宣传活动,乙方必须参与。

第六条 互惠互利。乙方参与甲方主导社区活动，在与甲方协商一致的情况下，乙方因地制宜开展金融知识宣讲或金融业务推介，甲方应该在活动流程中予以安排。

第七条 自主活动。乙方可以自主选择在社区开展金融服务进社区活动，甲方提供力所能及的支持和帮助，如提供社区场地，在社区网格群宣传发动，协调小区的物业或业主委员会等。

第八条 依规合法。乙方自行开展的金融服务进社区活动，必须合法合规，由于不当活动产生的舆情后果由乙方自行承担。乙方在活动开始前至少提前×个工作日告知甲方，并必须征得甲方同意，方可开展社区活动。

第九条 线上入群。为更好地方便服务社区居民，甲方同意安排乙方工作人员加入社区及网格小区业主群。乙方在微信群内的活动必须遵守国家法律法规以及社区规定。

三、融合发展

第十条 联络人机制。甲乙双方设立联络人，便于日常联系。甲方联络人，姓名：×××，联系电话：×××××××；乙方联络人，姓名：×××，联系电话：×××××××。

第十一条 常态化沟通。每个季度甲乙双方至少举办×次银社座谈会，总结既往工作，解决合作中出现的问题，促进双方共同发展。

第十二条 党建共联。甲乙双方党支部建立党建共联关系，交流党建工作心得，一起开展党建活动，如政治学习、党员互动、主题党日等。

第十三条 志愿者服务。乙方加入社区网格群的员工都自动成为甲方志愿者，需参与社区志愿者活动。

第十四条 设立银行日。条件成熟时，甲方支持乙方在社区设立银行日，每月固定安排一天接待社区居民咨询、办理金融业务。

第十五条 打造品牌形象。甲方支持乙方树立金融服务品牌形象。同意乙方在甲方宣传橱窗张贴××银行形象广告和金融产品广告，正面宣传××银行的服务和产品。

第十六条 本协议一式二份，自甲乙双方负责人签字起生效。

《合作协议》蕴含的特点

《金融服务进社区合作协议》提出了双方合作的目标、银行参与社区活动的方式和双方融合发展的路径，蕴含以下三个特点：

一是合作目标定位高。合作协议中设定的银行与社区合作的三个目标分别是：补齐金融服务短板，共建金融安全社区，银社深度融合发展。这是一个有高度的合作目标，完全不同于以往类似的市场营销活动，体现了银行发挥金融专业领域的优势，主动承担社会责任的担当精神；合作目标直击社区服务的"痛点""难点"，意在弥补社区金融服务功能的不足，着力构建社区金融安全屏障；合作目标立足银社双赢，着眼长远合作，必定在深度融合发展中相互促进，创出合作新高度。

二是社区活动很多。合作协议规定了银行参与社区活动的次数，特别是规定了参与慰问社区弱势群体公益活动的最低次数，表明了银行参与社区活动的积极态度；建立了相互沟通的机制，完全不同于以往类似的进社区营销活动中有意无意地"忽略"社区的做法，而是尊重社区、立足社区，体现了"以社区为中心"的合作态度；社区支持银行依法合规地自主开展社区营销活动，包括在社区活动中安排银行业务营销流程、在社区及网格小区业主群中安排银行人员加入微信群等，表明了社区支持银行开展社区网格化营销活动的态度。社区虽然不是行政事业单位，没有行政管理权限，但是社区利用其公信力，在拆除网格"篱笆"、搭建活动平台、增强活动效果等方面起着关键的作用，保障银行市场营销活动在社区及网格小区网格化推进。

三是切实融合发展。合作协议建立了党建共联机制，突出了党建共联的引领作用；建立了常态化的沟通机制，解决磨合过程中的各种问题，意在长期合作；银行人员参加社区志愿者活动，融入社区公益事务中，提升公益服务形象；双方立足社区，利用社区宣传阵地，合力打造银行良好的品牌服务形象。

第五节　网格化推进社区营销活动

社区活动是金融服务进社区的切入点

举办社区活动是社区履行社会治理职能的必要方式之一，但社区在开展社区活动时，普遍存在活动经费不足、专职人员偏少的"短板"，导致有些社区活动要么"缺斤少两"，要么流于形式，居民的体验感并不好。而银行开展市场营销需要确定的参与客群、开展活动的平台以及开办活动的主题，社区活动与银行市场营销活动正好优势互补。中小银行参与社区活动，相互结合"嵌入"银行市场营销活动，省去了与活动各方协调沟通的时间与搭建活动平台的费用，省时省力效果好，并且由于社区活动频度高，"搭便车"式的银行市场营销活动可以高频度地举行。

社区按照一定的规则划分为若干个网格小区，实行网格化管理，有利于银行在参与社区活动和开展业务营销活动时实行网格化推进，取得活动全覆盖网格小区的效果，这是以往类似的进社区业务营销活动无法比拟的。

一是公益活动不可少。社区有很多公益活动，体现社会和谐、温暖关爱。中小银行通过参与社区慰问弱势群体等公益活动，获得"小众高频、感受直观"的良好效果，在社区居民中树立起承担社会责任的良好服务形象。

二是金融宣传活动必参与。中小银行利用金融专业优势，积极参与社区金融安全宣传活动，比如，反电信诈骗、反民间非法集资宣传活动等，以此取得社区居民对银行专业服务的认可和信任。中小银行通过业务宣讲、业务培训、提供咨询等金融宣传活动，为社区居民普及金融知识，为社区构建金融安全屏障。

三是主打"金融知识进万家"宣传活动。近年来，中国人民银行、中国银保监会等金融机构主管部门，每年发文要求金融机构集中时间，在公众中广泛开展"金融知识进万家""金融知识万里行""普及金融知识，守住'钱袋子'"等主题宣传活动，以此普及金融知识，防范公众金融风险。社区网格化营销体系的构建内容与此相适应，以反电信诈骗、反民间非法集资、反洗钱、财富课堂、投资者教育等活动为主题，将宣讲活动与业务营销紧密联动。

案例3

金融服务进××社区宣讲方案

一、时间：拟定2022年11月11日（周五）、11月13日（周日）。

二、场次：近期拟安排两场，首场在×××小区（网格三），第二场安排在××小区（网格二）。

三、主打产品：借记卡、手机银行、储蓄存款、理财产品、爱民保、信用卡等。

四、宣传物料：反电诈资料、存款利率表、调查问卷、爱民保折页等。

五、场地布置：①宣传横幅"××银行反电诈宣传进社区"，落款"××支行、××社区"；②"××银行简介"宣传展架；③桌椅：由××社区提供；④场地：两个小区选择：（网格三）社区居民服务中心／（网格二）小区公园。

六、前期预热：提前1—2天，由××社区各网格长在网格微信群预热，微信内容，××银行反电诈宣传进社区，定于×月×日（星期×）在×地，请带上身份证参加活动"，还可以加上××银行简介内容。

七、活动现场：×××小区（网格三）安排两组PAD开卡，××小区（网格二）安排一组开卡，配备理财经理、客户经理若干。相应的社区网格长到场支持。

八、爱民保互动小游戏、套圈、××银行产品有奖问答等。

九、活动小结。总结当天活动成效、问题与经验。

金融服务进社区的工作要点

金融服务进社区，在制作宣讲方案、开展社区营销活动时，需要把握几个要点：

（1）客群是核心。社区宣传活动首要任务是开卡揽户。借记卡是银行业务的载体，只有居民开立银行借记卡成为银行客户后，银行才会有其他金融产品交叉销售的机会。鉴于当前银行业务离柜率高达90%以上，重点推荐客户下载手机银行产品。

（2）储蓄存款产品是必选。存款是银行的基础业务，也是社区居民普遍认同的产品，对于初次参加银行社区活动的社区居民更易接受。

（3）差别化营销。事先了解社区的群体结构，有选择性地确定宣讲主题，差别化地开展产品与服务的营销。此外，基本的金融产品与服务可以一并宣讲，供受众客户多样化选择。

（4）找准切入点。反电信诈骗、反民间非法集资、普及金融知识、金融服务进社区等切中社区居民实际生活，都是好的宣讲主题。

（5）凸显社区。横幅落款写上"××银行、××社区"，借力社区公信力，更显合规和亲近。

（6）预热是必要环节。社区预先宣传发动往往起到事半功倍的作用，社区线上微信群、社区工作微信群、社区办公场所等都是可供选择的预热渠道。

（7）持续开展活动。期望一次或几次活动就达成营销目的是不可取的，要善于总结，利于后续营销。

案例4

××支行社区网格化营销播报

主题：用心守护"钱袋子"反电诈宣传

时间：2022年11月11日

地点：××社区居民服务中心

营销人员：×××、×××、×××、××

参与人数：38人

营销内容及业绩：

1.前期准备：

邀约客户→人员安排→折页准备（礼品布置、宣传折页、问卷调查）

2.活动进程：

为提高中老年群体的防诈骗意识，维护老年人合法权益，守护好老年客群的"养老钱"，××支行积极部署，多举措、多维度发力，切实增强老年客户的反诈防骗"免疫力"，特此联合××社区开展此次活动。前来参加活动的社区居民在活动期间认真聆听，情绪高涨，与此同时工作人员向客户详细地介绍了我们××银行具体情况以及定期存款、爱民宝、信用卡等其他产品，通过此次活动获得了新老客户的一致好评。

3.活动成果：

此次活动进一步增进了我们与社区的交流，营造了邻里友爱、团结互助、文明和谐的邻里关系。

4.活动收获：

爱民宝2户，零售新开户10户，信用卡2张，定期储蓄意向客户4户，收回问卷调查38份。

第六节　融入社区生态

"小社区、大社会",社区是由一定的人口、地域、市场等组成,有各种社区生活群体,有纵横交错网格化的人际关系,有社群化的信息互动,有"人间烟火气"的生活场景,所有这些共同构成社区生态。

中小银行开展社区网格化营销,推进金融服务进社区,需要融入社区生态,以此打造银行服务品牌,实现银行与社区的融合发展。

融入社区生态的路径主要有以下几条:

一是开展党建共联活动。社区党建是基层党的建设的重要组成部分,是基层治理的核心抓手,在新时期城市社区发挥领导核心作用。银行与社区开展党建共联,一方面加强与社区党总支的沟通联系,建立常态化沟通机制,特别是经常沟通金融服务进社区的合作事项,共同解决合作中出现的问题,促进合作常态化、长期化发展;另一方面加强与网格党支部和楼栋党小组的互动,横向联系驻社区单位党组织和在职党员,形成组织共建、活动共联、资源共享的工作机制,起到党建引领的作用。

二是共建金融安全社区。金融安全是社区和社区居民非常关切的大事,特别是近几年,随着网络技术的不断升级、骗术的不断更新,电信诈骗横行,已经成为社会公害。尽管国家重拳出击电信诈骗违法犯罪活动，并取得很大的成效，然而作为金融知识匮乏、金融风险防范能力不高的社区居民，也亟须提高反诈意识和反诈技能，提高金融风险识别与处置的能力；作为社区居民自治组织，担负社区治理职责的社区亟须建立金融安全区，为社区居民建立金融安全屏障。

中小银行融入社区生态，就是要利用金融专业领域优势，通过社区线上线下宣讲、社区活动等方式，全面普及金融基础知识，为社区和社区居民建立起一道金融安全屏障。中小银行构建社区网格化营销体系，设立了金融安全社区共建目标，推动社区、社区居民和银行共同参与、共同建设，使社区有成就感，社区居民有安全感，营销活动更易于被社区居民"接纳"，也必将获得社区与社区居民的支持。

三是延伸银行柜台服务到社区。随着网络技术、金融科技的发展，银行业务线上化程度越来越高，同时，智能化设备大量投入使用，让银行业务走出网点柜台成为现实。

中小银行融入社区生态，就是要创新服务方式，下沉社区提供便捷的金融服务。比如，提供银行卡开卡、手机银行下载使用、理财产品的选购、信用卡及个人贷款资料收集等上门服务，让社区居民足不出社区也能享受到金融服务的便利；为社区中小微企业提供上门收集信贷申请资料、开户结算、收单业务等服务，让中小微企业感受全程便捷的金融服务体验；专业解答社区居民在存款理财、支付结算、财富投资、资产配置等方面的业务咨询；深入了解中小微企业与社区居民的金融需求，针对性地创新业务品种与服务，提升中小微企业与社区居民的金融获得感。

四是加入线上网格微信群。为方便沟通交流，满足上情下达、任务布置、工作汇报、社情通报、应急处置等管理的需要，社区一般都建立了一些工作微信群，比如，社区工作群、社区网格管理群、网格楼栋长联系群等，这些微信工作群与社区网格化信息管理平台一样，都是社区实现有效管理的工具。

此外，社区在每个网格都由网格管理员或网格小区业主委员会建立了小区业主微信群，这些小区业主微信群几乎包含了每个网格小区所有楼栋或单元的业主，是一个人口多、事务杂、管理难度较大的微信群，社区在每个业主微信群派驻了网格管理员，其作用就是把小区业主微信群当作社区了解网格小区民情民意的窗口，当作政策传达、应急维稳的宣传阵地。

社区网格化营销体系致力于银行与社区、银行业务与社区事务深度融合发展，需要构建双方在活动开展、工作协调、问题反馈、问题处理等多方面进行沟通与交流。中小银行融入社区生态，就是要加入微信工作群，既有利于构建双方及时了解情况、快速反应，也有利于融洽银社关系。

需要特别注意的是，中小银行工作人员入驻小区业主微信群时，必须由社区或网格管理员"请"入群。银行工作人员肩负着普及金融知识、培训金融风险防范技能的职责，有社区公信力"背书"、网格管理员推介的入群方式，有利于今后在小区业主微信群开展各种业务宣讲与业务营销活动。

五是融入社区客户群。社区有庞大的人口基数，有各种结构的群体及其不同的生活方式与生活需求，所以从这个方面讲，社区也是一个"小社会"。得益于微信线上工具的运用，社区"小社会"里产生许多有共同的兴趣爱好、行为偏好的微信群体，比如太极拳群、广场舞群、音乐发烧友群、车友群、运动健康群等。另外还有中小微企业主建立的交流群、信息群等，所有这些基于社区生活产生的微信群体，构成社区千姿百态的生活场景。

中小银行融入社区生态，需要有选择性地融入这些微信群体，以此了解社区居民在"衣、食、住、行、玩"方面的习性偏好、消费习惯等，通过对社区客户微信群体的参与和分析，更易于成功融入社区，也有助于更加有效地找到营销切入点，有利于线上营销活动的同时，在开展线下营销活动时，还可以线上预热，助力线下营销活动。

六是联手社区志愿者及其志愿服务组织。社区志愿者是指以社区为范围，在不为任何物质报酬的情况下，能够主动承担社会责任而不关心报酬的人。志愿服务组织是指依法成立，以开展志愿服务为宗旨的非营利性组织，志愿服务组织可以是社会团体、社会服务机构、基金会等组织形式。目前，我国志愿服务已成为社会风尚，社区志愿者服务队伍不断壮大，成为国家和社会可持续发展的重要力量。中国志愿服务网统计数据显示，截至2023年6月12日，全国已登记2.31亿名实名志愿者、135万支志愿服务队伍、1101万个志愿服务项目、53亿小时服务时间以及8188万人记录了志愿服务时长，这些数据充分体现了我国志愿服务事业的发展和社会主义精神文明建设水平的提升。

城市社区都存在各种志愿者组织，比如，红色驿站、新时代文明实践站所、读书协会、社会工作站、学雷锋志愿服务站等，主要服务和帮助社区弱势群体、关爱未成年人，举行读书会、四点半课堂、老年人帮扶、垃圾分类宣传等公益活动，是社会文明与社会进步的表现。

中小银行社区网格化营销体系凸显公益特征。根据中小银行与社区签订的《金融服务进社区合作协议》，中小银行在社区开展公益活动主要有三条路径，一是积极配合社区慰问社区弱势群体；二是为社区居民普及金融知识；三是与社区共同建立金融安全屏障。因此，中小银行金融服务进社区，其公益性特征与入驻社区的志愿服务组织在公益活动上相通相连，成为彼此"牵手"的基础。

中小银行融入社区生态，需要积极参与社区志愿服务组织活动，或联手社区志愿组织联合举办社区公益活动，在公益活动中创立公益服务品牌，提升外在服务形象，进一步融入社区。

第七节 建立社区金融生态圈

社区是由一定的人口、地域、市场等组成的，说到底，社区本身就是一个生态圈。社区金融生态圈是指银行把金融产品与服务，切入到企业和社区居民的生产与生活服务场景中，形成一个以客户需求为导向，为客户提供满足其生产生活各个场景需求的综合化金融服务生态系统。

银行是社区金融生态圈的"组织者"。社区金融生态圈的参与者主要有两类，作为金融服务需求者的社区中小微企业与社区居民，作为金融服务提供者的银行。其中，银行在社区金融生态圈中起着"组织者"的作用。银行通过网点柜台办理业务，实际上是银行单向提供服务给客户，信息传递方向单一。而在构建社区金融生态圈过程中，集合了众多社区居民与中小微企业客群的银行，将社区金融各参与主体聚合在一起，不仅聚集了各类信息，而且还可以打破信息的单向输送，实现社区生态圈内信息和数据资源在各参与主体之间的流动与共享。

中小银行建立社区金融生态圈的紧迫性

一是互联网金融的迅速发展。互联网金融是指传统金融机构与互联网企业，通过互联网技术和信息通信技术实现资金融通、支付、投资和信息中介的新型金融业务模式，是传统金融行业与互联网技术融合的新兴领域。

近年来，随着国内互联网技术的飞速发展，其在金融领域的应用也得到了广泛迅速的增长，互联网支付、互联网投融资、互联网理财、互联网销售等新技术新模式，提供了方便快捷的用户体验，积累了庞大的客户资源，比如，微信支付、支付宝等互联网支付平台支持用户全天候和即时完成支付，颠覆了传统银行受时间、地点限制的支付手段，给用户带来全新的体验；还有余额宝等互联网理财产品，凭着理财门槛低、投资便捷的特点，以1元起即可理财的投资门槛，直接颠覆了当时万元起步的投资理念，满足了众多低收入群体的金融需求，开启了零钱理财的新纪元。

互联网金融的迅速发展，形成了"互联网+支付""互联网+借贷""互联网+理财"三大主流模式，凭借支付方便快捷、交易成本低、服务全天候的优势，个人和企业既可以实现更加高效、便捷的支付结算，同时也可以更加方便地获得融资、理财、投资等金融服务。

互联网金融走入千家万户，改变了传统银行支付、理财、投融资等经营理念与服务方式，带给用户前所未有的体验，同时也带给银行特别是中小银行巨大的竞争压力。

二是国有大行服务的持续下沉。在国家推动与监管政策引导下，国有大行肩负发展普惠金融重任，主动下沉服务重心，在中小银行业务的"主战场"——小微与零售业务市场展开"遭遇战"，国有大行凭借资金成本低、金融科技强、国有品牌亮等优势，利用低利率贷款、创新风控模式、手机银行等优势产品与服务，不断"蚕食"中小银行的传统业务领域，挤压中小银行的发展空间。

三是优质基础客群的大量流失。客群是银行各项业务发展的基础，也可以说是中小银行的"命脉"所在。近几年我国金融市场环境发生了巨大的变化，互联网金融依靠网络与通讯技术的提升得到了迅速的发展，国有大行在国家推动与监管政策引导下持续开展服务下沉，以家装、汽车、旅游、数码、大额消费品等为重点竞争领域的消费金融公司快速兴起，数字化、智能化发展推动银行产品与服务不断创新以及国家金融监管政策趋严，等等，这些变化加剧同业的有序竞争，经营模式高度同质化、科技创新能力欠缺的中小银行直接承压，首当其冲的是优质基础客群的大量流失问题，动摇了中小银行的发展基础。

社区金融生态圈是中小银行的"护城河"

社区金融生态圈构成"金融+生活"场景，一方面，作为金融服务需求端的社区中小微企业与社区居民，在生活场景中需要金融服务，高频的场景服务带来海量的用户消费，消费又会带来支付结算、贷款融资、投资理财、保险等一系列金融需求；另一方面，作为金融服务提供者的银行，需要将低频的金融服务融入高频的生活场景中，在社区生活场景中发展金融业务。与传统的直接营销相比较，在场景中植入金融产品的方式，更容易被客户接受。所以"金融+生活"场景组成的社区金融生态圈，为银行提供了存款理财、支付结算、财富投资、资产配置、信贷业务等金融业务营销机会，并且使金融服务更加长期化。

面对快速发展的互联网金融和国有大行服务的持续下沉带来的竞争冲击，中小银行立足社区建立社区金融生态圈，就是建立起中小银行发展的"护城河"。

一是获客更"活"客。中小银行通过搭建全方位的"金融+生活"场景，深挖客户金融需求，通过融入社区生活场景去获取用户。研究表明，通过场景化营销获得的客户，以及存在于社区"金融+生活"场景中的客群，对中小银行的依赖性更强，客群稳定性更好。

二是降低营销成本。中小银行提供支付、结算等金融服务功能，相比需要消耗大量人力物力资源的传统线下营销模式，获客成本降低。

三是提升风险防控能力。建立融入中小微企业的社区生态圈是把握信贷风险的关键。按照现有银行经营模式，信贷业务主要依靠客户经理走访调查和借助大数据、金融科技的"查询"功能，但依然存在信息不对称带来的信贷风险，只有融入中小微企业的财务管理、采购销售等生产和交易场景，才能更加深入地了解和把控信贷风险。

四是提高盈利能力。在负债端，客户在高频的生活场景中提高对商业银行金融服务的使用频度，为银行带来低成本的活期储蓄存款；同时在贷款端，满足零售客户在买房、租赁、购车等消费场景和对公客户在不同产业链、不同生产环节的融资需求，能够提升银行的净息差水平，提高中小银行盈利能力。

中小银行建立社区金融生态圈的路径

无场景，不金融。国有大行或者部分有实力的股份制银行围绕生活消费、电商、理财、信用卡、生活缴费、跨境金融等领域，自建场景平台获取流量，提升特色化、差异化竞争能力，取得竞争优势。比如，工行B2B自建电商平台融e购，招商银行从2010年开始打造包含观影、商旅、饭票等场景服务的掌上生活App等。然而，多数中小银行普遍缺乏与外部场景特别是场景金融巨头合作的基础与实力，也缺乏自建较大的行业或生态场景所需要的人才、科技、财力、物力等。因此，在以社区为中心的社区网格化营销体系之下，中小银行应该立足社区，打造社区金融生态圈。

社区生态圈建设应该体现"场景化"理念，将银行金融服务和生态圈建设融入客户主要生产、生活场景。具体来讲，就是要根据客户生产、生活的场景配套或研发银行的产品与服务，为客户提供支付结算、贷款、信用卡等金融解决方案。

一是融入社区生活场景。社区生活场景是社区生活的一种方式，社区网格化营销体系围绕社区的"衣、食、住、行、玩"等生活场景开展金融服务活动，提供存款、理财、收单、贷款、信用卡、分期业务等金融产品，满足客户的多元化金融需求，为客户提供最佳的服务体验，以此培育社区金融生态圈。

二是拓展商圈收单业务。对社区周边的沿街小店或专业市场，拓展以收单业务为主的营销活动，通过收单业务，稳定活期存款来源。

三是紧扣支付场景。围绕社区中小微企业和社区居民的生产生活场景，将银行支付服务嵌入其中，打通生活消费、生活缴费、就医购药、教育培训等场景服务的支付闭环。同时，在支付场景之下，还可以交叉销售其他金融产品与服务，比如，跟进营销信用卡、分期、贷款、理财等，取得更好的综合收益。

四是信息交流。以银行为中心建立商户微信群，将各商户间资源共享触角延伸到社区的各个角落，有利于商品销售与金融业务"锁定"。

五是定期回访。经常性地走访周边商圈，了解支付、收单、信贷、信用卡等金融业务需求，回访金融产品与服务的使用情况，以便更好地创新产品与服务。

六是开展信用卡专项活动。在社区周边商户中，选择在社区影响较大的餐饮店、超市等商户，以信用卡为载体，开展信用卡消费"满减"优惠活动，以此吸引客户，获取流量。

案例5

××银行××支行与××便利店合作方案

为促进双方多领域、深层次业务合作，实现共创共赢，××银行××支行与××便利店拟在2021年开展联合促销优惠活动，业务方案制订如下：

一、合作时间

2021年1月1日至2021年12月31日

二、结算服务

××便利店9个门店在××银行××支行开立基本结算户或一般结算户，主要用于POS机和呼啦二维码收单；××支行在9个门店免费布放收单POS机和呼啦二维码，免费提供云喇叭、扫码盒以及人脸支付系统。

三、信贷服务

××支行为××便利店9个门店1万多名会员提供授信业务支持，包括信用卡、分期及个人投资经营贷款等，支持符合**银行信贷准入的会员在购车、购房、消费、经商等方面的信贷需求。

四、理财服务

××支行为××便利店9个门店1万多名会员提供理财服务，包括理财知识培训、理财产品推介等。

五、宣传合作

1. 门店宣传。××便利店9个门店提供可摆放××银行产品的宣传用品的场地，包括展架、宣传折页等，协助宣传××银行金融产品和营销活动，宣传用品由××支行提供。

2. 线上宣传。××支行在客户群中通过短信、微信等方式，宣传××便利店产品和服务，宣传内容由××便利店提供；××便利店9个店在1万多名会员中，通过短信或微信宣传合作内容及银行产品与服务，宣传内容由××支行提供，或安排支行员工加入会员微信群，利于服务与宣传。

六、营销商品采购合作

××支行全年的营销活动，包括"积分兑礼品""快乐品牌"等，所需营销商品均向××便利店采购。

七、信用卡优惠活动

开展信用卡优惠活动，促进便利店商品消费。××支行在××9个便利店开展信用卡"满减"优惠活动，客户使用××银行信用卡在9个便利店的任一门店消费，每周享受一次满100元减××元的优惠，每月仅限信用卡使用前100名用户，每张信用卡优惠每月仅限一次。

第八节　打造社区异业联盟

社区异业联盟是指同一社区或相邻社区各行业、各层次的商业主体之间，为了达到共同的利益，通过一定的方式组成的商业联盟，是一个相对紧密、资源共享、利益共存的联盟，也是银行获客、商户获利、客户获益的三方共赢模式。

异业联盟是银行营销的常用手段。银行整合社区及其周边"衣、食、住、行、玩"等行业资源，撮合众多中小微企业或商户组成异业联盟，实现相互赋能，不仅可以使社区中小微企业或商户获得较多客流的机会，增强商业竞争能力，而且通过给客户提供更多商业价值和综合服务的方式，银行达到获客和提升存量客户的目的。

立足社区的异业联盟效果更好

当前，大部分的银行或多或少地都在实行异业联盟，打开各家银行的手机银行App，大部分都有各种与商户联盟的优惠活动，银行客户也时不时地收到送话费、送流量、商品折扣等优惠活动信息的推送短信。然而，由于银行开办的异业联盟功能相似、形式相似，使得客户产生审美疲劳。并且，在国有大行及同业的异业联盟中，尽管合作方式多样、内容五花八门，但多数合作商户不在本地，异业联盟对本地客户的吸引力不大。

笔者认为，中小银行异业联盟立足在社区，效果会更好。

其一，获客效果好。对于网点周边客户而言，本地社区生活是高频的生活场景，比如餐饮、休闲、娱乐、健身等，银行与其中对社区居民有影响力的商户结成异业联盟，可以获得更多的客户和参与度。

其二，转化效果好。由于异业联盟中的银行与商户都在社区本地，社区居民更愿意将参与优惠活动的活动成果转化为银行的营销成果，此后，银行还可以开展金融产品的交叉销售，挖掘客户潜力，提高客户的贡献度。

其三，客户体验感好。如果银行挑选社区或周边"衣、食、住、行、玩"多个行业的优质商户合作，打造一个本地生活权益平台，社区居民能明明白白地看到优惠，实实在在地感受到实惠，在增强社区居民的体验感的同时，也有利于银行更好获客和"活"客。

其四，强强联合出效益。扎根社区的中小银行，优选社区各行业中的中小微企业优秀商户，打造社区异业联盟，这个联盟是属于社区的强强联合，符合联盟各方的利益共同点，有利于各方的共同发展。通过活动赋能，拓宽银行与合作商户的获客渠道，提升联盟各方获客能力，稳固存量客户关系，也能较好地提升社区异业联盟的效益。

多数中小银行成长在本地，近年来，在国有大行服务下沉的冲击和同业竞争加剧之下，中小银行选择回归本地、回归社区的特色化经营之路，立足本地社区，打造社区异业联盟也是中小银行的竞争策略。

社区异业联盟的主要合作方式

既然社区异业联盟冠名"社区",其联盟的方式肯定没有国有大行或头部股份制银行的"高大上"。多数中小银行是地方性的法人银行,经营地域局限于本地,所以深耕本地社区的异业联盟,其合作方式应该以符合本地社区居民的消费偏好或消费方式为主。

一是商品折扣券。社区异业联盟中的合作商户对合作银行的持卡客户提供适销商品的折扣券,吸引客户流量。如果合作银行优选社区"衣、食、住、行、玩"等各行业的优质商户结成异业联盟,合作银行的客户可以享受众多的优惠选择,对合作银行的忠诚度肯定会提高。而合作商户则能成功地吸引合作银行的客流量,实现低成本获客。

二是现金折扣。比如同样的某个商品,在实物店购买需要100元,而使用银行卡支付,享受8折优惠,在优惠之下,客户大多愿意使用银行卡支付方式。这样,实物店降低了销售成本,客户得到了实惠,银行则维系了持卡客户的关系,实现三赢的局面。

三是活动推广。在社区网格化营销体系中,中小银行网格化推进社区营销活动,活动主题多,活动场次多,给社区异业联盟的合作商户提供了更多活动推广的机会。比如,某个社区开展教师节庆祝活动,社区异业联盟中的餐饮、文体、健身等合作商户可以多种方式参与,此举既支持了社区活动,又获得了客流。

社区异业联盟的首要目标是获客

社区异业联盟从本质上说,就是跟社区商圈里其他合作商户交换客流。所以，银行在挑选异业联盟合作商户时，一定要看合作商户的品牌口碑、发展潜力以及商户本身预期带来的客流量等。一般而言，选择社区异业联盟合作商户时需遵循几个原则：

一是本地商圈。优先选择社区或银行网点周边的商户，既符合中小银行深耕本地、深耕社区的特色化经营模式，又能够带给社区居民实在、直观的体验感，有利于银行持续、深度挖掘和转化商户资源。

二是有良好口碑。各行各业的中小微企业众多，优先选择行业中口碑好、客流多的商户发展为异业联盟，能够有效地吸引客户参与活动，提高客户的忠诚度与贡献度。

三是有高频消费场景。餐饮、商超、娱乐等行业都具有高频的消费场景，低频的银行服务通过异业联盟"嵌入"其中，实现异业客户转化为银行客户。

四是关联民生事务。民生事务与社区居民生活密切相关，如电费、水费、燃气费、收视费等收费缴费业务，基础客群十分庞大，银行通过异业联盟，以代扣代缴或代收费方式为切入点实现客户的引流。

中小银行发展社区异业联盟，首要目标是获客。银行通过遴选社区各行业中的中小微企业优秀商户，整合成社区异业联盟，实现优势互补、资源互享、信息互通、抢先占位，强强联手的结果是既拓宽了获客的渠道，提升了获客的效率，稳固了存量客户的关系，也降低了获客成本，提高了经营效益，增强了市场竞争力。

社区异业联盟要以银行为中心

打造社区异业联盟，必须以银行为中心。其一，品牌效应。相对而言，社区异业联盟中，客户对银行的可信度、接受度更高，以银行为中心建设社区异业联盟，合作才会更长久；其二，客群庞大。银行拥有较多的客群，能够为社区异业联盟提供更多的客户资源，因而在社区异业联盟中拥有更多的"话语权"，并且，银行还能给合作商户提供支付结算、贷款、代发工资、投资理财等金融服务，提高合作商户的经营能力；其三，社区支持。中小银行构建社区网格化营销体系，构建银行与社区、银行业务与社区事务深度融合发展，有利于社区的长远发展。社区必定从拆除网格小区准入"篱笆"、搭建社区活动平台、增信银行营销效果等方面，支持银行打造以银行为中心的社区异业联盟。

以银行为中心建设社区异业联盟，可以获取更多的资源。一直以来，国家重视社区建设，特别是近年来，一些社会力量纷纷下沉社区，围绕社区治理、社区经济、社区生态等方面打造平台，提供服务。比如，国家鼓励社区居家养老模式，一些养老机构开始入驻社区，深耕社区的中小银行可以和这些机构联手，把这些新设机构加入社区异业联盟，以此增加新的获客来源。

以银行为中心打造社区异业联盟，中小银行拥有主动权，有益于社区异业联盟的长久合作。比如，银行是保险、基金产品代销的重要渠道，银行一般在银行网点代销保险、基金产品，"消耗"的是银行的存量客户，而以银行为中心打造社区异业联盟，银行在网格化推进社区营销时，可以另辟蹊径在社区设立营销场景，邀请保险公司、基金公司等一同开展营销活动，将产品营销的主战场前移到社区，提升新客户的拓展渠道，营销效果会更好。同时，社区异业联盟以银行为中心，确保了异业联盟营销活动按照银行预设"战场"、预设方式、预设目标有计划地开展。

社区网格化营销体系助力社区异业联盟

社区网格化营销体系是以城市社区为中心，以社区活动为切入点，着眼于银行网点与社区、银行业务与社区事务深度融合发展的一种新型营销体系。中小银行构建社区网格化营销体系，可以在多个方面助力社区异业联盟。

一是社区助力。社区是社区居民的自治组织，是社会治理最基层的管理单元，尽管没有行政管理权限，但是拥有公信力。一方面，在助力异业联盟"结盟"方面，社区可以其公信力协助银行与有社区影响力的中小企业展开异业联盟，或者召开银企座谈会，增进银企互信；另一方面，社区以其公信力，通过拆除网格"篱笆"、搭建活动平台、增强活动效果等方式，助力异业联盟在社区顺利开展营销活动。

二是社区活动助力。社区网格化营销体系以社区活动为切入点，大量的社区活动带来了社区异业联盟的产品与服务营销机会，比如，中小银行协助社区开展重阳节老人慰问活动，可以邀约社区体检、社区养老机构一同参加；在开展六一儿童节庆祝活动时，社区异业联盟中的文体超市、儿童用品商户可以送文具、书包等方式参加活动。由于社区活动多，且有各类主题，社区异业联盟活动机会很多。

表6.4

××银行××支行合作商户优惠活动汇总（简表）

类别	合作商户	优惠活动（详见每个合作商户店内公告）	优惠条件
餐饮类	××××大酒店	在原有活动折扣基础上，消费满500元，立减50元，另外赠送代金券50元	信用卡/借记卡消费
	××特色烧烤店	啤酒免费，在店内原有折扣上，再享9.5折	信用卡消费
	××羊肉火锅城	全单9.5折，消费满100元返30元代金券	信用卡消费
	×××茶餐厅	全单9.5折	信用卡消费
商超类	××连锁商店	全城22个门店，家电、服装等不参与活动，全单9.5折	信用卡/借记卡消费
	××××超市	仅限一楼百货类参与活动，全单9.5折	信用卡消费
	××文体用品店	全单9.5折	信用卡消费
……	……		

第九节　扩大广告宣传效应

我国的金融体系脱胎于20世纪70年代中国人民银行的"大一统"格局，经历专业化——商业化——市场化改革后，形成了以中国人民银行为核心，政策性银行与商业性银行相分离，以国有商业银行为主体，多种金融机构并存的现代金融体系。银行业从最初不需要广告投入，主要依赖网点标识来区分银行品牌，到后来的"线下标识+网点宣传素材"的传统宣传模式，再到现在数字化时代从新的媒介渠道、从客户的视角扩大市场影响力的广告宣传，从"酒香不怕巷子深"到"酒香也怕巷子深"，再到"酒香也要勤吆喝"，表现出了银行同业竞争的激烈程度。

中小银行更需要广告宣传

相对而言，中小银行成立时间普遍较短，品牌知名度、产品与服务的认可度不高。在同业竞争日趋激烈、互联网金融快速发展、新产品与服务不断推出的大背景下，中小银行更加有必要通过公共媒体提升品牌形象与品牌知名度，通过广告宣传、品牌推广等方式，扩大产品与服务的市场影响力。

中小银行品牌形象需要广告宣传。国有大行有国家信用做背景，加上成立时间长，品牌形象已经深入客户心中。而中小银行数量多，成立时间短，客户的认知度相对较低，品牌建设任重道远。

中小银行需要在加强业务经营、提升经营效益等方面下功夫，从根本上切实提升品牌形象。针对外部环境的变化，中小银行品牌形象宣传方面的一个重点是加强存款保险制度的宣传。通过投放媒体广告、网点厅堂摆放宣传标识、举办活动集中宣讲、发放宣传折页等方式，普及存款保险制度知识，提高社会公众对存款保险制度的认知度，提升客户"存款有保障"的安全预期，使品牌影响力较低的中小银行更加受益。

中小银行产品与服务需要广告推进。银行提供的产品与服务同质化程度高，而客户既不会主动发现银行提供的产品和服务，也很难区分各家银行产品与服务的差异性。中小银行立足地方，服务地方，提供的产品与服务具有特色化与差异性，比如，存款利率普遍较高、信贷准入门槛较低、贷款投放效率较高以及其他地方性的特色化产品等。中小银行加强多渠道宣传，提高客户对产品与服务的认知度，以此提高中小银行产品与服务的市场竞争力。

中小银行构建社区网格化营销体系，利用社区宣传橱窗作为宣传阵地是一个很好的宣传方式。社区在休闲广场、活动中心、公园等人流量较大的地方，一般都有宣传橱窗，中小银行利用社区的宣传橱窗张贴银行形象与产品的广告，社区的公信力能显著地增强银行宣传效果。

中小银行在社区网格化推进社区活动、建立社区金融生态圈、打造社区异业联盟，需要广告宣传加持，营造营销氛围，助推业务发展。

社区宣讲是最好的广告

面对面的社区宣讲，广告宣传效果最好。广告宣传的方式有许多种，比如户外大牌广告、平面媒体广告、视频广告、冠名赞助、新媒体广告等。笔者认为，面对面的社区宣讲，与静态的平面广告、动态的视频广告、抽象的宣传大片、"砸钱"的冠名广告等相比较，尽管需要的人力成本高，但财务成本低，产生的广告宣传效果却是最好的。

一是感受直观。银行产品与服务高度同质化，是我国银行业的"通病"，其后果就是导致客户对银行的广告宣传产生审美疲劳，关注度降低，再者，寥寥数语的广告内容，有时候会让客户产生"摸不清头脑"的感觉，起不到应有的广告效果。而面对面的社区宣讲，给客户直观、实在的感受，更易于为客户所接受。比如，普惠金融之下，各家银行都推出了"快贷""秒贷""速贷"之类的纯信用产品，准入门槛大同小异，利率相差不大，但是在同一个市场，各家银行营销的成果很不一样，除了受客群规模影响外，产品广告宣传的方式造成了较大的成效差异性。

二是体验感强。面对面的社区宣讲，既能够以PPT介绍、动画或手动示范等方式，清晰地表述产品的优点，又能够在宣讲现场与客户互动沟通，解答客户疑问，更容易提高客户的接受度，更加难能可贵的是，可以帮助客户在宣讲现场实现产品的使用，增强客户的体验感，从而可以实现现场销售。还是以上述"快贷""秒贷""速贷"之类的纯信用产品为例。银行为了方便客户操作，一般都会推出手机银行操作界面，然而，即便是简单几个步骤的操作内容介绍，可能也没有多少人会认真去看，加上部分人不了解软件的下载安装程序，还有些人出于安全考虑，不敢轻易下载使用，这些都会影响产品的推广使用。而面对面的社区宣讲，既可以打消客户的安全顾虑，又可以现场帮助不熟悉下载程序的客户操作使用，使客户的体验感更好，产品的销售效果更佳。

三是综合效益高。面对面的社区宣讲，除了现场实现某个产品的销售外，还可以根据客户的情况，实现银行其他产品的交叉销售，提高综合效益。仍然以上述"快贷""秒贷""速贷"之类的纯信用产品为例。因为是面对面的宣讲，有些客户就会主动提出其他产品的需求，或者，银行可以顺势推介其他相似的产品，比如信用卡、个人投资经营贷款、分期业务等，甚至在宣讲活动之后，还可以联系客户推介存款理财、支付结算、资产配置、保险、基金等业务，实现多个产品的交叉销售，综合效益更好。

四是提升服务形象。面对面的社区宣讲，能够较好地建立银行与客户良好的沟通渠道，增进银行与客户的信任关系，有利于提升银行的品牌服务形象。

此外，社区宣讲还是"移动的广告"。在社区网格化营销体系中，中小银行是以社区活动为切入点，通过积极参加社区活动，在社区活动中"嵌入"银行市场营销活动，实现面对面的社区宣讲。这一点，既与国有大行及其他同业有明显的区别，也与其他广告宣传方式完全不同。并且，由于社区活动频繁，这样的社区宣讲活动可以连续性地举行，从这个意义上讲，社区宣讲成了"移动的广告"。中小银行网格化推进社区宣讲活动，覆盖的受众客群多，滚动式的宣讲效果好，进而转化为良好的营销效果。

推荐一个低投入高产出的社区场景宣讲方案。

外拓营销是银行业务营销的常态。但是，外拓营销过程中，存在员工的主动性不够、营销活动开展的持续性不够等问题，影响外拓营销的执行效果。马克思主义政治经济学告诉我们，人是生产力中最活跃最能动的因素，激励员工主动走进市场、主动营销客户是有效开展外拓营销的关键。

外拓营销需要活动场景，一般而言，除了规模较大、规格较高的营销活动外，多数社区宣讲活动具有"小众高频"的场景特点。为充分调动银行员工外拓营销的积极性，笔者推荐一个场景营销方案——"千场宣讲进单位"（以下简称千场宣讲）。实践证明，千场宣讲投入与产出的"性价比"很高，非常适合小众高频的社区营销活动，特别是零售与小微产品的宣讲和推介。

案例6

"千场宣讲进单位"活动方案（节选）

为广泛宣传零售产品，锻炼提升员工营销能力，助力零售业务发展，××行在全辖开展"千场宣讲进单位"营销活动，特制订本方案。

一、活动时间

2022年1月1日至2022年12月31日

二、参与对象

各一级支行员工

三、宣讲范围

（一）存款类。定期存款、大额存单、结构性存款等。

（二）AUM类。理财、基金、信托、贵金属等。

（三）其他产品类。借记卡、信用卡、手机银行、信贷产品、理财、分期等。

四、宣讲要求

（一）听众人数。每场人数不低于10人。

（二）支行播报。宣讲当天，各支行在"××行零售工作群"进行播报，包括视频和文字。

1.视频播报不得少于3分钟，内容主要是银行产品宣讲、品牌形象宣传等。

2.视频拍摄场景包含：全会场、主席台、听众（不低于10人）及单位名称或门牌等。

3.文字播报按规定模板，要求注明时间、单位/地点、参加人数、主讲人、宣讲内容及宣讲业绩等（附播报模板）。

（三）通报。××行零售业务部根据各支行发布在微信群的播报资料和报送的台账进行汇总，每月通报。

五、活动要求

（一）组织推动。请支行对各类单位清理盘底，建立宣讲"线路图"；组织全体员工学习零售产品宣讲内容，鼓励全员积极踊跃参与，要求选拔熟悉产品特点、能讲解透彻的宣讲员，确保宣讲效果；宣讲前物料准备到位，宣讲后及时在××行零售工作群播报。

（二）找准切入点。因单位而异，以借记卡、信用卡、存款、贷款、理财等主打产品为切入点，尽量覆盖全部零售产品，取得最大综合效益。

（三）做好评价工作。各支行要对宣讲覆盖的单位及时跟进，将产品和服务转化为工作业绩；做好单位宣讲业绩统计和评价工作，及时总结，以利改进。

（四）禁止弄虚作假。在活动中上报虚假视频或编造虚假材料，一经发现，按照××行员工行为规定予以处罚。

附件：播报模板

××支行宣讲播报：

【宣讲时间】

【宣讲单位】

【主讲人】

【联系人】

【协助人员】

【受众人数】

【宣讲内容】

【营销业绩】

案例7

××支行宣讲播报

【宣讲时间】2022年11月4日

【宣讲单位】××××镇综合行政执法大队

【主讲人】×××

【联系人】××

【协助人员】×××

【受众人数】12人

【宣讲内容】介绍银行卡优势、定期存款、大额存单、信用卡，贷款等

【营销业绩】借记卡开卡10户，信用卡4张，定期15万

千场宣讲实际上是银行市场营销方案化、系统化"改造"后的营销管理创新模式。千场宣讲的作用主要在于：

（1）提高员工营销主动性。千场宣讲为员工指明了市场营销方向和目标客户，增强了员工外出营销的主动性；设置了费用奖励标准，且奖励门槛不高，鼓励员工外出主动营销，提高了员工外出营销的积极性。

（2）提高员工营销能力。千场宣讲规定必须有10人以上的听众，这就要求员工必须非常熟悉金融产品，并且要有公众场合宣讲的能力，所以千场宣讲能很好地锻炼员工的开口能力和营销能力。

（3）减轻网点负责人管理压力。银行业务指标多、任务重，员工压力大，网点负责人管理压力更大。千场宣讲较好地改变了以往网点负责人单纯压任务、压指标的管理"窘境"。由于员工营销的主动性和积极性增强，员工的营销业绩也相应较好，较大地减少网点负责人的管理压力。

媒体报道放大广告效应

媒体报道是广告宣传的一种方式。现在正处于互联网时代，媒体报

道的传播力、影响力、引导力、公信力不断增强，品牌形象知名度不高、产品与服务推广力度不够的中小银行，更需要媒体报道增强广告效应。

在社区网格化营销体系中，中小银行通过慰问社区弱势群体、普及金融知识、与社区共建金融安全屏障三条路径开展公益活动，凸显公益形象。媒体通过文字、图片、视频等方式，在报纸刊物、电视、网络等信息传播平台，广泛传播银行的公益活动，宣传效果会非常好。可以设想一下，一家中小银行在网格化推进社区活动时，下辖几十个、上百个经营支行或网点的公益行为被媒体频频报道，这家中小银行的品牌形象一定会显著地得到提升。

中小银行构建社区网格化营销体系，推进金融服务进社区，凸显社区公益，这是政府和监管部门支持的发展方向，有利于社区治理，有利于社区居民。因此，中小银行启动社区网格化营销体系构建时，在每一个城市都要优选一个较有影响力的社区，召开一个金融服务进社区的启动仪式，邀请政府和监管部门参与或见证，广泛邀请报刊、电视台、新媒体等各种媒体资源参加报道。政府部门参与，彰显政府公信力；媒体报道，传播社会公德和正能量。

第十节　成为社区首选银行

中小银行构建社区网格化营销体系，是以社区为中心，以社区活动为切入点，着眼于银行与社区、银行业务与社区事务融合发展的一种新的营销体系，是中小银行深耕社区金融的创新举措。

中小银行立足社区、扎根社区、服务社区，既是中小银行应对国有大行服务下沉、互联网金融飞速发展及同业竞争加剧的应对举措，也是其回归地方、回归中小、回归社区的路径选择。

中小银行积极支持社区活动，为社区居民普及金融知识，构筑金融安全风险屏障，与社区共建金融安全社区；在网格化推进社区活动时，慰问社区弱势群体，弘扬社会和谐之风，传播社会正能量，凸显社区公益形象，履行银行社会责任；推进网点柜台业务延伸到社区，让社区居民足不出社区也能享受到便捷的金融服务，提升社区居民的金融服务体验感。

中小银行积极推进银行与社区、银行业务与社区事务深度融合发展，实现优势互补、信息互通、相互促进、共同发展。中小银行推进金融服务进社区，弥补社区金融服务功能短板；社区通过拆除网格"篱笆"、搭建活动平台、增强活动效果等方式，支持中小银行在社区开展网格化营销活动；银行与社区在相互合作中增进互信，在共同发展中加强合作，银行和社区在相互合作、共同发展中打造银社美好的未来前景。

中小银行构建社区网格化营销体系，通过与社区深度融合发展，目标是成为社区及社区居民的首选银行。

中小银行成为社区首选银行，不是写在纸面上的一纸协议，而应该是发自内心的主动选择是习惯性的思维。

中小银行成社区及社区居民的首选银行，主要表现在以下几个方面。

一是社区有合作机会时的首选。社区在履行社区治理职能中，遇到经济、金融领域的合作事项时，或者社会力量下沉社区，建立社区异地业联盟时，首选合作的中小银行。

二是社区有活动开展时的首选。社区开展社区活动，尤其是推进金融服务进社区时，首选合作的中小银行。

三是社区居民有业务需求时的首选。社区居民在有存款理财、支付结算、财富投资、贷款、信用卡、基金保险、国际结算等金融业务需求时，首选合作的中小银行。

四是社区居民有金融咨询时的首选。社区居民有资金短缺的困难、投资理财的困惑、金融知识欠缺的困扰等银行业务方面的疑问，乃至遭遇金融诈骗的困境需要咨询时，不论是线上还是线下，首选合作的中小银行。

五是社区创建金融安全社区时的首选。创建金融安全社区是未来社区建设的重要内容，银行以其在金融领域的专业性，不可或缺地成为创建金融安全社区的主要合作方，同样也应成为社区在遴选银行时，首选合作的中小银行。

中小银行构建社区网格化营销体系，推进金融服务进社区，持之以恒坚持社区网格化市场营销，通过时间的积淀，持续扩大影响力，打造中小银行服务品牌，成为社区及社区居民的首选银行。

后 记

每每走在熙熙攘攘、人来人往的大街上，走进"人间烟火气"的城市社区，作为一个有着近三十年银行工作经历的"金融民工"，我有时候不免在思考一个问题：城市社区人口众多，人群密集，如何才能有效地将社区客群转化为中小银行的基础客群？中小银行客群基础薄弱，亟须快速增长有效客群，为什么面对庞大的社区客群视而不见？

去年10月份，在长沙银行总行零售业务部的支持下，我带着问题自立课题，带领团队深入社区开展调研与试点工作。三个多月的时间里，我"蹲点"社区服务大厅，观察社区服务流程，了解社区运维模式，对话社区支书与主任，走访社区网格小区，开展社区公益活动，尝试社区市场营销，等等，在实践中思考，在思考中实践，探索构建中小银行社区网格化营销体系之路，赋能中小银行的发展。

社区调研之时，我目睹了社区一线工作人员的辛苦与劳累，感动于他们无私的奉献与敬业精神，体会到了社区作为城市基层管理单元的巨大作用，也感受到了社区网格化管理的突出成效。

我长年在业务一线打拼，对银行业务营销颇有心得，并曾在一些大型营销场合登台宣讲，在银行内部各级培训中倾囊授课。近年来致力于社区金融的研究，多次下沉社区开展实地调研，受到社区网格化管理在城市治理中取得巨大成效的启发，我将社区网格化管理的运行原理应用到银行市场营销中，首次提出了中小银行社区网格化营销体系的理论构想，并开展社区实践验证。理论与实践相结合的有益探索，促使我执笔撰写此书。

  诚挚感谢在本书写作与出版过程中给予我指导与支持的各位领导、同事和朋友们，一句鼓励的话语，让我信心倍增，一个微小的指点，让我受益良多；非常感谢我的大学同班同学、国家金融与发展实验室副主任、中国社会科学院博士生导师彭兴韵教授百忙之中通阅书稿、欣然作序；也特别感谢我的家人，给予了初次写书的我理解与支持，尤其是在写作中遇到困难时，爱人的鼓励，增添了我写作的动力。

  中小银行社区网格化营销体系的构建是一个值得深入探索的课题，囿于知识的浅薄，书中或许存在有失偏颇之处，敬请各位读者不吝指正。本人也期待与大家共同探讨，不断完善社区网格化营销体系的构建理论与实践应用，促进中小银行与城市社区合作双赢、共同发展。

作者
2023年5月

参考文献

[1]睿灵. 打造智慧社区 各地创新有妙招[J]. 社会与公益, 2022.

[2]马红亮. 虚拟学习社区中的互动结构[D]. 华南师范大学, 2006.

[3]石振兴. 信息化背景下我国城市基层社会治理创新研究[D]. 东北师范大学, 2017.

[4]曹西,高杰,缪昌铅. 未来社区低碳更新的实施路径与设计实践[J]. 建筑技艺, 2022.

[5]信广松. 大数据背景下我国社会保险缴纳问题研究[D]. 吉林大学, 2021.

[6]柯善北. 让社区治理插上"智慧"翅膀：关于深入推进智慧社区建设的意见[J]. 中华建设, 2022.

[7]姜彩凤. 商业银行个人理财业务比较与趋势分析[J]. 大庆广播电视大学, 2016.

[8]李魏炜. 我国城市社区网格化治理问题研究[D]. 山东大学, 2019.

[9]王梦梦. 新市民金融服务需求情况调查[J]. 金融博览（财富），

2022.

[10]黄抗.失地农民再社会化研究[D].安徽大学,2012.

[11]董方冉.挥保险效能 筑牢风险屏障——访对外经济贸易大学教授王国军[J].中国金融家,2022.

[12]白京厚.建设银行金昌分行客户关系管理策略优化研究[D].兰州大学,2020.

[13]桂畅旎.国内动态[J].中国信息安全,2022.

[14]田慧峰.建设满足人民对美好生活向往的新型社区[J].建设科技,2020.

[15]陈燕.西部地区社区职能的科学界定[J].商场现代化,2009.